외로우면
종말

외로우면
종말

산문 안보윤

작가
정신

작가의 말

가만히, 라는 단어를 떠올리며 쓴 글들이 여기 모여
있다. 나는 책상 앞에 가만히 앉아서, 끝이 새까맣게
지워진 길 위를 가만가만 걸으며 어떤 날들에 대해
생각했다. 오늘에 대해 떠올리면 오늘을 이루게 된
어제의 조각이, 어제를 떠올리다 보면 내일을 향한
바람이 불쑥 치솟았다. 오랜 날들과 연결된 가느다란
실을 더듬어 오늘의 문장을 자아내는, 가만한 시간들
속에 나는 있었다.

  오늘을 살아가기 위해 반드시 마주해야 하는 어제
가 있다는 걸 지금의 나는 안다. 어제의 잘못을 외면
한 채로 오늘을 살아갈 수는 없다. 마찬가지로 어제
의 나를 연민하지 않고는, 어제의 나를 보듬어 안지
않고서는 오늘의 나를 사랑하기 어렵다.

이곳에 있는 글들은 《세계일보》와 《매일경제》에 연재한 칼럼들을 중심으로 엮은 것이다. 소소한 일상을 다루는 칼럼을 제안받았을 때 나는 제법 고심했다. 서른 즈음의 기억 때문이었는데, 부끄럽지만 굳이 마주하자면 이런 기억이었다.

모 신문사 관계자분들과의 식사 자리에서 칼럼 제의를 받았을 때였다. 나는 이야기가 끝나기도 전에 서둘러 거절했다. 수입도 변변치 않고 글을 발표할 지면이 거의 없는데도 그랬다. 왜냐하면 내 삶에 확신이 없었으니까. 나는 나를 조금도 사랑하지 않고 내 문장을 매일 의심했으며 미래라는 단어 자체를 저주했다. 걸을 때마다 서걱서걱 소리가 나던 시절이었다. 아무렇게나 잘려나가 모래알처럼 부스러진 내가 발밑에 그득했다.

"저는 아직 세상에 대해 쓸 수 없어요." 그런 말과 함께 나는 자조적으로 덧붙였다. "산문을 쓰시는 분들은 조금 다른 감각 체계를 가지고 계시지 않나요? 제겐 감각기관이란 것 자체가 없는 것 같아요." 지금 생각해보면 그건 자조적이라기보다 공격적이고 무례한 발언이었다.

하지만 자리는 둥글게 마무리되었다. 제안을 주신 분은 그럼 지금은 아직 때가 아닌 거겠죠, 라고 말하며 다시 음식을 권했다. 이후에도 변함없이 나를 예의 바르고 다정하게 대해주었다. 식사를 하는 내내 나는 부끄러웠고, 집으로 돌아오는 길에는 조금 울었다. 스스로에 대한 확신이 없는 사람들은 손쉽게 무례해진다. 부정하고 자책하다 끝끝내 희미해진다.

그런 어제가 있었다. 타인을 구경하듯 차가운 마음으로 스스로를 비난하던 날들에서 벗어나 가만히 나를 들여다본다. 산문을 써도 좋을 때, 나의 감각을 믿어도 좋을 때가 언제인지는 여전히 모르겠다. 다만 나는 오늘에 대해 쓰고 싶었다. 가만가만 걸음을 내딛는 오늘의 나에 대해서, 그 곁에서 자그마한 숨을 불어넣어 주는 사람들에 대해서. 과장도 허세도 호들갑도 없이 담담하고 고요하게.

황민지 팀장님의 성실하고 애정 어린 말들이 없었다면 이 책을 꾸리지 못했을 것이다. 마음 깊이 감사드린다. 지면을 주셨던 《세계일보》와 《매일경제》 관계자분들께도 머리 숙여 감사드린다. 길 위에서 마주친 낯설고도 친밀한 이웃들이 없었다면 나는 여전히 어

제에 머물러 있을 것이다. 오랜 친구 지혜에게 '오늘
의 솥밥'이란 메모를 붙여 이 책을 선물하고 싶다.

가족에 대한 마음을 모두 표현하기엔 내 어휘력이
너무 빈약하다. 그래도 이 말만은 전하고 싶다. 가족
덕분에 나는 매일, 매 순간 깨닫는다. 아직은 사람을
사랑할 때라는 사실을.

2025년 가을의 시작점에서
안보윤

차례

그날의 줄넘기

외로우면 종말

아주 작은 쉼표

그날의 줄넘기

그날의 줄넘기

내가 초등학생일 때만 해도 상점에서 파는 저금통은 그야말로 '돼지저금통'이었다. 기름한 몸통에 뻣뻣하고 질긴 고무로 되어 있는 다홍색 돼지 말이다. 동전을 넣으려면 등 쪽 투입구를 칼로 잘라내야 했고, 저금통이 다 차면 마음먹고 돼지 배를 갈라야 했다. 옆구리에 복福 자가 양각되어 있거나 몸통이 짤따란 황금색 돼지가 나오기도 했지만 기본형은 어쨌거나 후덕하게 웃고 있는 돼지였다. 우리 집에는 그런 돼지저금통이 여러 개 있었다. 대부분은 동전 여남은 개를 짤랑대는 정도였고 오래된 전축 위에 올려놓은 저금통만 묵직했다. 아빠의 것이었다.

아빠의 저금통 근처를 나는 자주 배회했다. 동전 떨어지는 소리가 짧고 둔탁해지면 슬그머니 저금통을 들어 무게를 가늠해보았다. 동전이 절반쯤 차 있을 때가 적기였다. 초등학교 저학년인 나와 달리 언니들의 귀가 시간은 늦었고 엄마 아빠는 공사다망했다. 나는 한낮의 텅 빈 집에서 전축 앞에 쪼그려 앉아 저금통을 흔들기 시작했다. 무작정 흔들다 보면 투입구로 동전 끄트머리가 비죽 튀어나올 때가 있었다. 그렇게 빼낸 동전을 들고 나는 동네 슈퍼로 뛰어갔다. 달고 차가운 것, 알록달록하고 새콤달콤한 것을 사 부지런히 입에 까 넣었다. 깐돌이가 오십 원, 달고나가 백 원 하던 시절이었다.

그날도 나는 열심히 저금통을 흔들고 있었다. 들킬까 봐 조마조마하던 마음은 진즉 사라졌고 집에 돌아오자마자 저금통부터 집어 들던 한여름이었다. 동전은 저금통 안에서 헐거운 소리를 내며 굴러다닐 뿐 좀처럼 나오지 않았다. 나는 머리핀을 쑤셔 넣어 동전을 끌어내려다 둘 다 놓쳤다. 다급히 저금통을 흔들었지만 끝이 두꺼운 머리핀은 투입구 근처로도 오지 않았다. 돼지 배를 가른 아빠가 머리핀을 발견하고 화를 내는 모습을 상상하자 눈앞이 캄캄해졌다. 나는 훌쩍거리며 동전 투입구에 눈을 대고 내 마음만큼이나 캄캄한 돼지 배 속을 들여다보았다.

언니가 내 손에서 저금통을 빼 든 건 그때였다. 언제 집에 왔는지 어디서부터 보고 있었는지도 알 수 없었다. 언니는 동전 투입구 옆면을 힘껏 눌러 틈을 벌린 뒤 저금통을 좌우로 느리게 흔들어 머리핀을 빼냈다. 아빠에게 머리핀을 들키는 것과 언니의 고자질 중 어느 쪽이 내게 더 치명적일까. 나는 또 다른 공포에 휩싸였다. 머리핀을 내게 건넨 언니는 바닥에 내려두었던 줄넘기를 챙겨 들더니 그대로 나가버렸다. 뭔가를 따져 묻지도, 혼을 내지도 않았다. 얼마 지나지 않아 대문 밖 골목에서 줄넘기 돌리는 소리가 들려왔다. 바닥을 내리치는 규칙적인 소리가, 휘잉 휙 이단뛰기를 시도하는 소리가, 줄을 밟은 뒤 내는 짧은 탄식이 번갈아 들렸다. 활기차고 건강한 소리가 계속될수록 저금통을 흔들던 나의 조잡하고 음침한 소리가 떠올라 얼굴이 뜨거워졌다. 나는 투입구가 조금 찌그러진 저금통을 전축 위로 돌려놓았다.

생색도 조언도 고자질도 없었지만 나는 다시는 저금통에 손대지 않았다. 잘못을 저지른 사람을 윽박질러 모욕을 주는 것이 아니라 스스로 깨달을 시간을 주는 것. 정말 중요한 것은 스스로 멈출 수 있는 기회를 주는 것 아닐까. 건강한 삶의 소리를 들려주는 것

만으로도 얼마나 많은 것이 바뀔 수 있나.(물론 나의
언니는 줄넘기를 빨리 하고 싶었을 뿐인지도 모른다.) 나
는 지금도 그날의 줄넘기 소리를 종종 떠올린다. 그
러면 틀림없이, 정직하고 건강하게 살고 싶어지는 것
이다.

시간을 주워 담는 오후

나는 워낙 덤벙대는 성격이라 실수가 잦았다. 목적지와 전혀 다른 곳으로 가서 길을 헤매거나 물건을 고장 내거나 날짜를 착각해 중요한 자리에 참석하지 못하는 일도 흔했다. 그러니 먼지를 떨다 소파 옆 협탁에 놓여 있던 시계를 떨어뜨리는 일 정도는 크게 놀라울 것도 없었다. 문제는 내 탁상시계가 숫자판을 한 장씩 넘겨 시간을 표시하는 플립형이라는 점이었다. 천칭처럼 생긴 외관에 왼쪽에는 시간 단위 숫자판이, 오른쪽에는 분 단위 숫자판이 달려 있었다. 까맣고 탄력 있는 작은 카드 모양의 숫자판들. 시계는 바닥으로 나동그라지면서 산산이 해체됐다. 거실이 순식간에 새까만 숫자판으로 뒤덮였다.

바닥에 엎드린 채 나는 숫자판을 줍기 시작했다.

조각난 시간들이 거실 여기저기로 흩어져 그것을 그러모으는 데만도 한참이 걸렸다. 49분, 50분, 52분. 주워 담은 시간들을 다시 시계에 끼우려는데 숫자판 하나가, 그러니까 꼭 1분이 모자랐다. 사라진 시간을 찾기 위해 나는 소파 밑과 협탁 뒤쪽을 샅샅이 뒤졌다. 1분은 좀처럼 나타나지 않았다. 나는 내 손 위로 차곡차곡 쌓여 있는 시간들을 더듬어보며 생각했다. 시간을 만지는 일. 이런 식으로 시간을 만져본 기억이 분명 있는 것만 같았다.

초등학교 시절 방학이 시작되면 탐구생활 첫 장에, 방학숙제 안내문 제일 꼭대기에 들어가 있는 것이 있었다. 생활 계획표 만들기가 그것이었다. 컴퍼스로 그리는 게 성에 차지 않아 나는 꼭 주방에서 곰솥 뚜껑을 가져다 도화지가 꽉 차게 원을 그리곤 했다. 원을 큼지막하게 갈라 제일 먼저 '꿈나라'를 써넣었다. 이불을 덮고 누운 사람을 그려 넣을 수 있을 정도로 커다란 칸이었다. 다른 칸들은 비교적 작고 빼곡했다. 기상 및 씻기, 아침체조, 방학숙제 하기, 텔레비전 시청. 그런 식으로 24시간을 다 채우고 나면 비로소 무언가가 시작되는 기분이 들었다. 자를 대고 반듯하게 선을 그을 때마다 내가 원하는 대로 시간을 잘라 가질 수 있을 것만 같았다.

시간의 물성을 그런 식으로 상상하고 감각하던 날들도 있었는데. 지금의 내가 시간을 대하는 방식은 대부분 간과다. 벌써 5월이네, 벌써 마흔 살이 되었네, 벌써 여름이라니 올해가 절반은 지나가버렸네. 나는 보통 그런 식으로 시간을 뭉텅뭉텅 잘라 말한다. 무언가 야단스러운 것이 내 삶을 크게 한 입씩 먹어치우는 것 같다는 생각으로, 어쩐지 억울한 얼굴을 한 채 지나가버린 시간에 대해서만 이야기하는 것이다. 그것은 때로 적당한 핑계로 작동하기도 한다. 이제 와서 뭘 배우기엔 한참 늦었지. 벌써 5월이 됐으니 올해 세운 계획은 실패네. 시간을 누가 이길 수 있겠어, 하고 말이다.

마지막 숫자판은 싱크대 아래쪽까지 날아가 있었다. 나는 주워 담은 시간들을 시계에 하나씩 끼워 넣었다. 촘촘하게 뚫린 작은 구멍에 숫자판을 거는 일은 어렵진 않지만 인내가 필요했다. 나는 51분, 52분, 53분 중얼대며 시간을 빠짐없이 채워 넣었다.

그리고 다시금 01분으로 돌아갔을 때 나는 손바닥

을 꽉 쥐었다. 숫자판이 아닌 새로운 1분이 이 안에서 지금 막 시작되고 있었다.

참 서툰 사람

아빠는 늘 그렇다. 가족들과 함께 밥을 먹다 문득, 계절에 맞는 옷가지나 먹거리를 사들고 찾아갔을 때 우리를 맞이하다가 문득 말하곤 한다. "미안하고 참 고맙다." 우리, 그러니까 언니들과 나는 대체로 웃어넘긴다. 뭐가 그렇게 미안해, 뭐가 또 고마워, 딸 셋이 와르르 웃으며 떠드는 모습을 아빠는 물끄러미 바라본다. 그러고는 또 한 번 말하는 것이다. 내가 다 미안하고 참 고오맙다.

건강검진 결과가 그리 좋지 않은 아빠를 모시고 대학병원에 다녀올 때도 그랬다. 검사실로 들어간 아빠를 기다리며 괜히 복도를 서성였다. 병원 분위기가 유난히 어수선해 불안한 마음이 배가 된 참이었다. 노인이 된 부모를 어떻게 대해야 할지, 자연스러운 노화라지만 내겐 다만 급작스러운 통보처럼 느껴지는 병증들에 어떻게 대처해야 할지 모르겠다는 생각만 들었다. "아빠, 배고프지?" 검사를 마치고 나온 아빠에게 언니가 물었다. "종일 금식했으니 얼마나 배고플 거야. 일단 밥부터 먹으러 가자." 우리는 병원을 나와 뚝배기에 담긴 뜨거운 순댓국을 훌훌 들이마셨다. 배속이 묵직하고 따뜻해지자 마음도 덩달아 평온해졌다. 예측하기 어려운 내일을 마냥 두려워하는 것보다 오늘의 다정함과 따뜻함을 지켜내는 것이 조금 더 현실적인 일 같았다. 그렇게 밥을 먹고 나오는데 아빠가 우리를 돌아보며 말했다. 듣지 않아도 알겠는 그 말을.

돌이켜보면 아빠는 참 바쁘고 외롭게 살았다. 한국전쟁이 터지기 꼭 한 달 전에 태어났으니 시작부터 쉽지 않았던 셈이다. 직업군인과 베트남전 참전용사를 거쳐 해외 건설노동자가 되었다가, 자영업을 시작한 이래 IMF로 쫄딱 망한 뒤 택시운전사가 되기까지, 한 사람의 인생이라고 하기엔 참 많은 일들을 거치고 많은 곳을 누볐다. 아빠는 집을 떠나 있었던 시간들에 대해 여전히 죄책감을 가지고 있다. 어린 딸들을 홀로 키우다시피 했던 엄마의 젊은 날에 대해서도 마찬가지였다. 그러니 버릇처럼 말하고 마는 것이다. 함께 있어주지 못한 시간들에 대한 미안함을, 그래도 여전히 함께 있다는 사실에 대한 고마움을 말이다.

하지만 아빠는 알고 있을까. 나는 아빠가 해외에서 집으로 돌아올 때 꼭꼭 사 오던 초콜릿 상자를 기억한다. 조개와 고둥, 소라 모양이었던 그 초콜릿들이 예쁘고 좋아서 손에 한참을 쥐고 있다 흐물흐물 녹아버린 다음에야 입안에 넣기도 했다. 아침에 일어나 머리맡에 놓인 초콜릿 상자를 발견하면 아빠가 왔구나, 생각했고 다디단 초콜릿을 입에 잔뜩 넣고 거실로 나가면 그곳에 틀림없이 아빠가 있었다. 이후에도 아빠는 소소한 것들을 손에 쥐고 집으로 돌아왔다. 고된 일과가 끝난 뒤 말랑말랑한 복숭아나 바나나 같은 것을, 찹쌀도넛이나 전기구이 통닭 같은 것을 사 들고 돌아와 우리가 먹는 모습을 바라보곤 했다.

그런 시절을 거쳐 우리는 자랐다. 그러니 그만 미안해하면 좋을 텐데. 아빠는 조금은 난감한 표정으로 고개를 기울이며 늘 미안하다고 말한다. 한시도 쉴 틈 없이 고군분투해 왔으면서 가족 앞에서는 참으로 서툰 사람. 집으로 들어가는 아빠의 뒷모습을 우리는 한참 바라보고 서 있었다.

네 번째 어금니의 출현

오랜만에 만난 친구는 왼쪽 볼이 잔뜩 부어 있었다. 충치야? 내가 묻자 친구는 애도 아니고, 하며 얼굴을 찌푸렸다. "사랑니가 난 것 같아." 나는 당장 치과에 가라고 말했다. 옆으로 돌아누운 사랑니를 바수어 뽑느라 혼쭐이 났던 나는 사랑니라는 단어만 들어도 턱이 욱신거렸다. 붓긴 했는데 딱히 아프진 않아. 친구는 그렇게 말하며 흘깃 시계를 보았다. "병원 갈 시간도 없고."

지금 맡은 프로젝트 기한이 너무 짧아 치과는커녕 느긋하게 커피 한잔 마실 시간도 없다는 것이었다. 하지만 내가 알기로 친구는 이번만 바쁜 게 아니었다. 입사한 이래 그는 다양한 이유로 바빴고 늘 시간에 쫓겼다. 친구네 회사 앞으로 찾아가야 점심시간을 이용해 잠깐 볼 수 있을 정도였으니 몸도 마음도 여유가 없을 수밖에. 나는 친구의 상사를 내심 원망하고 있었다. 친구에게 그토록 많은 일을 떠넘기는 걸 보면 몹시 무능하거나 뻔뻔하거나 둘 중 하나일 거라는 생각에서였다.

"네가 일을 도맡아 하는 동안 너네 팀장은 대체 뭘 하는데?" 내가 따지듯 묻자 친구는 한숨을 쉬었다. "그 사람도 일을 하지. 하루 종일 모두가 일을 해. 일단은 일이 너무너무 많고 직원은 터무니없이 적으니까." 친구의 말대로라면 모두가 과중한 업무에 시달리고 있는데 인력 충원이 안 되니 그만두는 사람이 생기고, 그럼 그만큼의 업무가 또 모두에게 부여되는 악순환의 연속이었다. 너도 그만두고 나와. 친구는 자신을 아는 모든 사람이 하나같이 그렇게 말한다고, 이직이 쉬운 줄 아느냐고 되물었다. "나는 여기서 너무 오래 일했어. 다른 회사에 적응하려고 애쓰거나 새로운 걸 배우기엔 내 나이가 너무 많아." 왼쪽 볼을 쓰다듬으며 친구는 회사로 돌아갔다. 나올 때보다 더 어두운 낯빛이었다. 일도 나이도 겁도 너무 많은 친구에게 조언이나 걱정을 건네는 사람은 또 얼마나 많았을까. 뭐든 너무 많네. 나는 어쩐지 미안한 마음으로 집에 돌아왔다.

며칠 후 친구는 대뜸 전화를 걸어서는 사랑니가
아니래, 라고 말했다. 야간진료 하는 치과가 있어 들
어갔더니 의사가 이건 못 뽑는다고 했다는 것이다.
"사랑니가 아니라 어금니래." 나는 어리둥절해져 다
시 물었다. 어금니라고? "드물게 어금니가 늦게 나는
사람이 있대. 이 나이에 어금니가 난다니, 애도 아니
고." 친구가 혼잣말하듯 중얼거렸다. "네 번째 어금니
가 이제서야 난다니. 그럼 나는 지금껏 어금니 세 개
로만 살아온 셈이잖아? 아직도 덜 자랐네, 내가." 친
구는 그 말이 마음에 드는지 잠시 멈추었다.

"내가 아직도 덜 자랐네." "한참 덜 자랐지." "아직
도 자랄 게 남았었네, 내가." "한참 남았지." 친구가
고요히 웃었다. 충치가 되지 않도록 관리에 특히 신
경 쓰라고, 의사가 칫솔질하는 방법을 가르쳐주었다
는 말도 했다. "어금니도 새로 났는데 이참에." 나는
그다음 이어질 친구의 말을 듣지도 않고 대답했다.
"그래, 그게 좋겠어." 친구가 아직 말도 안 끝났다며
웃음을 터뜨렸다. 그의 네 번째 어금니만큼이나 뒤늦
은, 그러나 더없이 선명한 웃음이었다.

리코더를 불 때마다

내가 즐겨 듣는 팟캐스트엔 로고송이 있다. 두 명의
진행자가 우쿨렐레와 리코더를 직접 연주해 만든 것
인데 나는 이 부분을 늘 건너뛰고 듣는다. 리코더 소
리를 들으면 마음속에 가파르게 쌓여 있던 블록 같
은 것들이 단숨에 무너져 내리기 때문이다.

　나는 리코더를 소리가 아닌 다른 것으로 기억한다.
리코더 머리 부분을 감아쥔 손, 그것을 치켜들었다가
힘껏 내리칠 때 사방으로 튀던 침, 정수리를 달구는
뜨거운 열기와 텅 빈 운동장, 커다랗게 입을 벌리고
우는 납작한 얼굴의 고. 그것은 열한 살 초여름의 기
억이다. 당시 나는 반에서 리코더를 가장 잘 부는 아
이였다. 담임은 시범 연주가 필요할 때 꼭 나를 불러
냈다. 교실에 아직 풍금이 놓여 있던 시절, 리코더와

단소처럼 가볍고 저렴한 플라스틱 악기들을 주로 다
루던 시절이었다.

　고는 체구가 작고 행동이 굼떴다. 손가락이 유난히
짧아서인지 리코더 운지법도 제대로 외우지 못한 상
태였다. 합주를 할 때 기이한 소리가 들린다 싶으면
틀림없이 고가 범인이었다. 담임은 고를 불러내 교실
앞에 세웠다. "쟤처럼 불어봐." 담임이 턱끝으로 나를
가리켰다. 고가 좀처럼 음을 짚지 못하자 담임은 잔
뜩 화를 냈다. 음악책으로 교탁을 탕탕 내리치고 고
에게서 리코더를 빼앗았다. 고의 리코더를 내게 떠넘
긴 담임이 말했다. "다음 시간까지 고가 너랑 똑같이
불 수 있게 만들어 와. 손바닥을 때려서라도 똑바로
가르치라고." 그러고는 이렇게 덧붙였다. "얘가 못 불
면 네 실기 점수도 빵점인 줄 알아."

　다음 음악 시간은 사흘 뒤였고, 나는 고와 함께 매
일 교실에 남아 리코더를 연습했다. 고가 리코더에
숨을 불어 넣을 때마다 훼훼, 하고 텅 빈 소리가 났
다. 나는 친구들과 놀지도, 집에 가지도 못한 채 고의
손가락만 노려보고 있어야 했다. 불쑥 억울한 마음이
일었다. "이걸 대체 왜 못해? 너는 바보야?" 교실 문

이 잠긴 뒤 운동장 스탠드에 앉아 리코더를 가르치다 말고 나는 소리를 질렀다. "이번에도 틀리면 손바닥을 때릴 거야." 담임이 그랬던 것처럼 나는 고 앞에 우뚝 섰다. 얼굴을 고에게 바짝 들이밀어 위협한 뒤 팔짱을 끼고 턱을 쳐들었다. 고의 리코더에 고여 있던 묽은 침이 바닥으로 뚝뚝 떨어졌다. 고는 〈에델바이스〉를 단 한 소절도 불지 못했다.

나는 고에게서 리코더를 빼앗았다. 고의 양 손바닥을 펴 앞으로 내밀게 한 뒤 망설임 없이 리코더로 내리쳤다. 땀으로 축축해진 고의 손바닥에서 둔탁한 소리가 울린 순간 나는 삽시간에 얼어붙고 말았다. 아주 잠깐의 정적 후에 고가 입을 크게 벌리고 울기 시작했다. 양손을 뒤로 숨긴 채였다. 나는 음악책과 리코더를 가방 안에 마구 쑤셔 넣은 뒤 그 자리에서 도망쳤다. 리코더를 내리칠 때의 감각이 손안에 뚜렷이 남아 있었다. 순식간에 새빨개지던 고의 손바닥이 떠올라 나는 주먹을 꽉 쥔 채 집까지 뛰어갔다. 매미 소리 같은 것이 끈질기게 내 뒤를 쫓았다.

내 실기 점수가 어땠는지 같은 건 기억에 없다. 이후 리코더를 불 때마다 나는 고를 떠올렸다. 어떻게

든 악보를 외워보려 애쓰던 고, 두려워하면서도 순순히 내게 손바닥을 내밀던 고. 그러면 반드시 떠오르고 마는 것이다. 찰나의 우월감에 취해 함부로 리코더를 휘두르던 나의 비겁함이 말이다.

모과가 익는 계절

산책길에 모과나무가 여럿 있다. 처음부터 모과나무인 줄 안 것은 아니고, 어느 가을 나무 아래를 걷다가 향긋하고 묵직한 냄새가 나기에 알게 되었다. 가지 끝에 매달린 모과가 주머니에 넣어 오고 싶을 만큼 노랗고 반들반들했다. 모과나무는 옆으로 퍼지지 않고 위로 비쭉한 모양새였는데, 그래서인지 숱이 많은 싸리비를 거꾸로 꽂아둔 것 같았다. 일부러 가지치기를 한 것인지 누가 밟거나 꺾어낸 것인지 아래쪽 줄기에 가지 부러진 자국이 여럿 나 있었다.

11월, 모과가 익는 계절이 되면 떠오르는 장면이 있다. 내가 다닌 고등학교에는 제법 커다란 모과나무가 있었다. 교장선생님이 아끼기로 소문난 나무였는데, 우리 학교의 명물은 운동장을 빙 둘러 심은 벚꽃나무였기 때문에 평소에는 아무도 모과나무를 신경 쓰지 않았다. 운동장을 뒤덮을 정도로 벚꽃잎이 휘날리는 4월이면 전교생이 밖으로 쏟아져 나와 사진을 찍었다. 그러니 학교 건물 옆 좁은 화단에 스스럽게 선 모과나무를 눈여겨볼 이유가 우리에겐 없었던 셈이다. 다만 가을이 되면 양상이 달라졌다. 학생들은 모과나무 옆을 괜히 서성였다. 모과향이 짙어질수록, 11월이 다가올수록 나무를 올려다보는 눈빛이 초조해졌다. 소문 때문이었다. 모과나무에서 몰래 모과를 하나 따내면 원하는 대학에 붙는다는 흔해빠진 소문 말이다. 누가 만들었는지 알 수 없는 소문엔 항상 아무도 증명할 수 없는 말들―그래서 그 선배는 서울대 한 번에 붙었대―이 따라다녔다. 학생들이 모과나무 옆을 뱅뱅 돌면 교무실 창문이 발깍 열리며 선생님 하나가 틀림없이 그 이야기를 꺼냈다. 소문만큼이나 오래 전해져온 어느 고3에 대한 이야기 말이다.

"그러니까 고3 아이 하나가 어느 밤, 모과를 훔쳐야겠다고 작정한 거야. 야간자율학습 시간에 몰래 교실을 빠져나가 나무 아래 섰지. 모과는 너무 높은 가지에 달려 있고 나무를 흔들거나 기둥을 걷어차면 커다란 소리가 울릴 테고. 그러니 어쩌겠어, 나무에 기어오르기 시작한 거지. 어렵게 나무에 올라 모과 하나를 따냈는데, 마침 퇴근하려던 교장선생님과 딱 마주친 거야. 교장선생님이 말씀하셨지. '너, 종 치기 전에 거기서 내려오면 대학 떨어진다.' 자율학습 종료 까지는 한 시간 넘게 남았고 날은 춥고 몸은 줄줄 미끄러지고. 그 애는 한 손에 모과를 움켜쥐고 온몸으로 나무줄기를 꽉 끌어안은 채 매달려 있었어. 떨어지면 안 돼, 떨어지면 안 돼, 엉엉 울면서."

너도 그렇게 되고 싶니? 학생들은 숙연해진 마음으로 모과나무를 피해 걸었다. 그럼에도 어느 날에는 교실에 기어코 모과향이, 진득한 단 냄새가 떠돌았다. 나는 졸업한 후에도 종종 모과나무에 매달린 아이를 떠올렸다. 너무 간절해서 두렵고 무서웠을 마음을 떠올리면 내가 나무에 매달린 것처럼 팔다리가 저리고 욱신거렸다. 그런 간절한 마음을 지나 나는 오늘에 있고, 똑같이 간절한 마음을 지닌 어린 학생들이 내일을 향해 걷고 있다. 그러니 11월 수능일이 다가오면 응원할 수밖에, 낯선 이들에게 무한한 성원을 보낼 수밖에 없는 것이다. 학교 사물함 깊숙이 숨겨두었던 샛노란 모과를 꺼내어 내미는 마음으로.

가만한 봄날

오래전 봄날의 일이다. 평일 한낮이었고 나와 친구는
대공원 산책로를 걷고 있었다. 제법 큰 호수와 식물
원, 탁 트인 산책로와 등산로를 갖춘 대공원은 벚꽃
철이면 발 디딜 곳 없이 사람이 몰렸다. 그러니 사람
이 없을 때 공원에 가자고, 여유롭게 산책하다가 자
전거를 타자고 친구가 말했다. 자전거 대여소를 찾아
걸으며 친구는 계속 기지개를 켰다. 겨우내 몸을 옹
송그리고 있느라 키가 5센티미터는 줄어든 것 같다고
했다. 그런가 싶어서 나도 기지개를 켜고 괜히 어깨를
들썩이며 길을 걸었다.

2인용 자전거를 대여한 뒤에야 우리는 문제점을 깨
달았다. 친구도 나도 자전거를 탈 줄 몰랐던 것이다.
우리는 맹꽁한 얼굴로 서로를 바라보았다. "어릴 때

자전거도 안 배우고 뭘 했어?" "난 롤러스케이트파였어. 그러는 너는?" "난 그냥 뛰어다녔어." 우리는 애꿎은 핸들만 이리저리 돌리다 자전거를 반납하러 갔다. 나이가 지긋하신 대여소 직원분이 우리 하는 꼴을 보고 있다 밖으로 나왔다. 마침 사람도 없으니 자전거 타는 법을 알려주겠다는 것이었다. 일단 타보면 별것도 아니라고, 앞을 똑바로 보고 한 발 한 발 내딛기만 하면 된다면서 말이다. 친구와 나는 엉겁결에 각자의 자전거 위에 앉았다. 직원이 옳지 옳지, 어이쿠, 요란하게 추임새를 넣을 때마다 우리는 약간의 수치스러운 마음과 오기와 용기를 담아 페달을 밟았다. 30분쯤 후에는 대여소 앞 광장을 빠져나와 호숫가를 달리고 있었는데 그것은 정말이지 이상한 경험이었다.

친구와 나는 내리 달렸다. 호수를 돌아 작은 숲길로 빠져든 뒤에는 아직 아무것도 피어나지 않은 넓고 납작한 화단 사잇길을 달렸다. 나는 오른발을 내디딜 때마다 하나, 하나, 하고 읊조렸다. 몸을 부드럽게 움직이는 일도, 앞바퀴를 함부로 휘젓지 않으려 핸들을 올곧게 붙잡는 일도 내겐 쉽지 않았다. 코너를 돌 때마다 몸이 기울어져 나는 여러 번 멈춰야 했다. 방향을 바꿀 때는 일단 자전거에서 내린 뒤 그것을 손으로 밀고 끌었다. 그럼에도 나는 서툰 꼴로 마음껏, 망설임 없이 나아갔다.

자전거를 반납할 즈음엔 친구도 나도 지쳐 있었다. 음료수를 사 와 의자에 앉으려다 우리는 불에 덴 듯 벌떡 일어섰다. 좁은 안장에 짓눌려 있던 엉덩이에서 뻐근한 통증이 올라온 탓이었다. 우리는 어정쩡하게 서서 음료를 마시다 급기야 어정어정 걷기 시작했다. 봄날이었고 바람은 차갑거나 따뜻했으며 유아차를 끌고 산책로를 걷는 사람들의 뒷모습이 한가로워 그림자조차 느슨한 한낮이었다. 사소한 것을 배우고 시답지 않은 성취에 뿌듯해하며 서툰 모습을 지나치게 질책하지 않아도 되는 평화로운 시간 속에 우리는 있었다. 언제쯤 꽃이 필까, 그때는 꽃비가 내리는 산책로를 달려보자, 새로운 약속을 하며 헤어지던 3월의 봄날.

그런 사소한 날들을 기억한다. 오늘을 뒤덮은 소란이 괴로워 안전하고 평온했던 어느 봄날을 떠올린다. 일상으로 돌아가고 싶다고, 한 발 한 발 내디딜 때마다 아무 의심 없이 앞으로 나아갈 수 있었던 봄날을

이제 그만 돌려받고 싶다고 읊조려보는 것이다. 가만
히 그러나 간절히.

나를 모르는 이에게만
하는 질문

자그마한 방이었다. 나는 각진 테이블을 사이에 두고 낯선 이와 마주 앉아 있었다. 둥근 얼굴형과 둥근 눈, 안경테까지 모두 둥근 사람이라 이곳에는 동그라미와 네모가 있구나, 생각했다. 신경을 잔뜩 곤두세운 세모가 나의 역할인 것 같았다. 실제로도 그랬다. 그곳은 상담클리닉이었고 상담을 신청한 이는 다름 아닌 나였기 때문이다.

지난겨울부터 계속된 폭식과 무기력으로 나는 우울한 상태였다. 12월은 황망했고 새로운 1월은 전혀 설레지 않았으며 2월은 끔찍했다. 뭐가 문제인지조차 모르겠는 시간들이 연이어 흘렀다. 문제는 그 시간들이 자꾸 나를 빠뜨린 채 가버린다는 것이었다. 나는 홀로 멈춰 있었다. 작고 성긴 조개껍데기 같은 것이

된 기분이었고, 어느 날 커다란 발이 나를 짓밟고 지나가 모래알이 되어버렸다. 그러니까 나는 상담을 통해 그 '커다란 발'이 무엇인지 알아볼 작정이었다. 누가 나를 밟았지, 누가 나를 모래알로 만들었지, 원망 섞인 마음이 자꾸 치솟아 나는 줄곧 심호흡을 했다.

"지난해에는 어떤 일을 하셨어요?" 낯선 이가 물었다. 겨울부터는 아무것도 하지 못했다고, 나는 빈 깡통처럼 살았다고, 하는 일이라곤 오로지 쓰레기를 만들어내는 일뿐이었다고 말하고 싶었지만 참았다. 적어도 겨울이 되기 전까지 나는 부지런히 살았으니까. 나는 돈을 벌기 위해 했던 일과 관계를 유지하기 위해 했던 일, 그간 책임져야 했던 일 들에 대해 말했다. 곰곰이 듣고 있던 이가 말을 건넸다. "많이 힘드셨 겠어요." "제가요?" "그럼요. 그렇게 많은 일을 전부 신경 쓰려면 힘이 들죠." 아니요, 아닌데요. 나는 고개를 저었다. "전 별로 힘들다고 생각 안 했는데요. 남들도 그 정도는 다 하고 살지 않나요?"

나는 정말 힘든 사람들에 대해 얼마든지 말할 수 있었다. 고독한 농성자와 자영업자, 생존하기 위해 매 순간 필사적인 사람과 눈에 보이지도 손에 잡히지도 않는 가치를 지키려 자신의 소중한 것을 제일 먼저 내던지는 사람. 그런 사람들 안에서 나는 고작 오늘을 살기 위해 종종대는 정도였다. 그런 주제에 힘들다고 말하는 건 너무 이기적인 것 아닐까. "자신의 상태를 정확히 알아야 뭐라도 해볼 수 있어요." 낯선 이가 부드럽게 타이르는 말에 위로받아서는 안 되는 것 아닐까. 다들 이 정도 부침과 불안 정도는 갖고 살지 않나. 그럼에도 나는 낯선 이의 말을 귀 기울여 들었다. 자그마한 방 안에 물방울 떨어지듯 시간이 고이고 있었다. 적어도 그 공간에서는 나에 대해서만 말하고 싶었다. 그곳은 나를 위한, 나 자신을 알기 위한 장소였으니 말이다. 테이블 위 탁상시계가 내가 눈을 깜빡일 때마다 째깍째깍 움직였다.

"저는 힘든가요?" 낯설고 둥근 이를 마주 보고 나는 물었다. "우울하거나 이상한 게 아니라 저는 지금 힘든 건가요?" 망가졌거나 쓸모없어진 게 아니라 다만 지친 건가요. 힘든 일들을 지나면 다시금 앞으로 나아갈 수 있을까요. 그런 걸 전부 묻진 못하고 나는 중얼중얼 '저는 힘든 사람인가요'만 거듭 물었다. 그것은 결코 나를 모르는, 낯설고 다정한 이에게만 할 수 있는 질문이었다.

오늘의 솥밥

일요일 자정에 가까운 시간이었다. 나는 돌연 도착한 메시지를 보며 어리둥절해하고 있었다. '솥밥 너무 맛있어.' 아무 맥락 없이 그런 문장을 던져둔 사람은 나의 오랜 친구 S였다. S는 내가 궁금해할 겨를도 없이 다음, 또 다음 문장을 보내왔다. '내가 했지만 진짜 맛있다.' '표고버섯솥밥.'

나는 다시금 시간을 확인했다. 오후 11시 9분. 그러니까 평소 S의 생활 습관대로라면 다음 날 출근을 위해 잘 준비를 하고 있을 시간이었다. 지금, 밥을 해서 먹었다는 건가? 그것도 솥밥을? 최근 나온 새로운 테스트인가 싶은 의심이 든 건 그때였다. 나는 예전에 유행했던 '내가 오늘 너무 우울해서 빵을 샀어' 테스트에 대한 좋지 않은 기억이 있었다. 반사적으로 했던 나의 대답들은 대부분 맹비난을 받았던 것이다. 넌 진짜 공감능력이 없어, 전형적인 T야. 나는 영문도 모른 채 그런 식의 말을 들어야 했다. 때문에 나는 이도 저도 아닌 대답을 S에게 보냈다. '갑자기?' 테스트는 아니었는지 S가 곧장 답을 보내왔다. '자기 전에 오늘의 잘한 일을 돌아보다가 갑자기 자랑스러워져서.'

나는 조금 웃었고, 신기한 마음으로 S의 문장을 곰곰 뜯어보았다. 그러니까 이런 것이 내게는 새로웠다. '오늘의 잘한 일'을 돌아본다는 사실 말이다. 자기 전에 내가 하는 일은 다음 날 울릴 알람을 확인하는 것이었다. 알람 시간이 정확한지, 내가 잘 수 있는 시간이 얼마나 되는지, 소리와 진동이 동시에 설정되어 있는지 확인한 뒤 머리맡에 핸드폰을 두는 게 내 일과의 마지막이었다. 그러고 나서는 잠들기 위해 최선을 다했다. 눈을 감은 채 좌우로 되록되록 눈동자를 움직이면 금세 숙면 상태에 들어갈 수 있다는 얘기를 들은 뒤부터는 그것도 했다. 그러고 보니 이런 게 전형적인 T라는 건가. 나는 좀 시무룩해진 기분으로 S와의 대화를 이어갔다.

S는 내게 캡처한 사진 한 장을 보내왔다. 누군가 내 소설에 대해 SNS에 남긴 글이었는데, 지극한 문장으로 쓰인 리뷰가 다정하고 섬세했다. 이런 걸 발견했어, 라며 S가 덧붙였다. '오늘 너의 솥밥은 저것으로 하자.' 어떻게 알았을까 싶었다. 아주 잠깐 나는 오늘의 잘한 일에 대해 떠올렸고 잘한 게 아무것도 없다는 사실에 스스로 한심해했다는 걸 말이다. 오늘뿐 아니라 어제도 그제도 텅 비어 있었으니 내일도 쓸모없는 하루를 보내게 될 거라는 저주에 가까운 생각을 하고 있었다는 걸 S는 어떻게 알았을까. 그러니까 S는 내게 저걸 보여주고 싶었던 모양이었다. 아무도 책을 읽지 않는다고, 특히 내 책을 아무도 읽지 않는 것 같다고 우울해하는 내게 소중한 독자의 감상을 전해주려고 솥밥 얘기를 꺼낸 걸지도 몰랐다.

나는 S의 그런 점을 늘 좋아했다. 쾌활하고 자존감이 높은 S는 자신을 존중하는 만큼 타인을 존중할 줄 알았다. 그것은 종종 배려심으로 작동해 타인의 자존감을 덩달아 높여주곤 했다. 나를 사랑하듯 타인을 사랑하는 일, 나를 칭찬하듯 타인을 칭찬하는 일, 그런 걸 배울 수 있는 친구이니 오래오래 옆에 두고 싶을 수밖에. 친구가 전해준 오늘의 솥밥을 앞에 두고 나는 책장을 바라보았다. 올망졸망 꽂혀 있는 책들의 제목을 새삼스레 살폈다. 하나같이 소중하고 자랑스러운 책들이었다. 자정을 넘어 그윽한 표고버섯향 새벽이 다가오고 있었다.

봄의 반대편에서 바라본 사람

자주 가던 산책로에 벚꽃이 지고 복사나무 꽃이 만발했다. 바닥에 쌓인 벚꽃잎은 걸음을 따라 흩어졌다도로 모여 수북해졌다. 그것을 보고 있자면 어김없이떠오르는 기억이 있다. 어떤 기억은 나보다 먼저 미래에 도착해 골똘한 얼굴로 나를 기다리고 있으니 정말 이상한 일이다.

사방에 벚꽃이 그득하던 4월이었다. 나는 꼭 스무살이었고, 대학에 입학한 지 두 달여 만에 만사가 귀찮아진 참이었다. 뭔가 다른데. 나는 내내 그런 생각을 했다. 어른들이 말했던 것, 그러니까 대학에만 가면 뭐든 다 할 수 있다거나 자유롭고 즐거운 시간들이 나를 위해 준비되어 있다는 말이 전부 거짓이었다는 걸 깨달은 뒤였다. 도둑맞은 기분으로 학교를 오가자니 봄날도 봄꽃도 하나도 즐겁지 않았다. 고등학교 시절 친구였던 구에게 연락이 온 건 그때였다. 구는 내게 만나서 할 얘기가 있다고 했다.

"시간을 길게 뺏으면 미안하니까 내가 너희 학교로 갈게." 약속 시간보다 훨씬 일찍 찾아온 구가 본관 건물 앞에서 나를 기다리고 있었다. 나는 단조롭게 꽃잎을 흘리는 벚나무와 사이사이 배치된 통나무 의자와 지나다니는 학생들을 바라보았다. 거기 팻말처럼 꽂혀 있는 구가 이상하리만치 어색했다. 이전의 구는 늘 티셔츠에 청바지, 운동화 차림이었는데 어쩐 일인지 어두운 색 양복에 넥타이까지 꽉 조여 묶은 모습이었다. 굳게 다문 구의 입술이, 반짝거리지만 중앙에 깊은 주름이 새겨진 구의 구두가 나는 어렵고 두려웠다.

"혹시 돈을 좀 빌릴 수 있을까?" 구가 말했다. 사람들이 지나다녀 어수선한 벤치에 앉아 자신의 어깨 위로 꽃잎이 내려앉는 줄도 모르고. 더는 올려붙일 곳도 없는 넥타이를 바짝 조이며 구는 아버지에게 문제가 생겼다고 말했다. "아버지 친구분들이 조금씩 도와주셨는데 아직 많이 모자라. 그래서 말인데, 혹시 학자금 대출을 받아서 내게 빌려줄 수 있니?"

내 표정이 좋지 않았는지 구가 급히 덧붙였다. "지금 대답하지 않아도 돼. 주말 동안 생각해보고 월요일에 답해줘." 나는 당장이라도 대답할 수 있었다. 대출은 정말 필요할 때 나를 위해서만 쓸 거라고, 우리가 빚을 각오할 정도로 친한 사이는 아니지 않느냐고 말이다. 동시에 내게서 그런 대답이 나올 걸 뻔히 알면서도 찾아온 구의 상황이 더욱 무겁게 느껴졌다. 구는 반듯하게 몸을 세운 뒤 갑자기 찾아와 이런 말을 해서 미안하다고 사과했다. 얼마나 많은 사람들에게 같은 말을 했을까. 스무 살의 구는 만화경 안의 유리 조각처럼 복잡하게 퍼지고 섞여 내가 영 모르는 사람이 되어 있었다. 내가 모르는 구가 말했다.

"거절해도 괜찮으니까 내 전화를 피하지만 말아줘." 구는 돈을 빌리러 다니는 동안 너무 많은 사람들과 연락이 끊겼다고 했다. 쾌활하고 살가운 성격의 구는 친구가 정말 많았는데 그 친구들이, 친척들이 이제는 전화를 받지 않는다는 것이다. 자신을 정말 힘들게 하는 건 이렇게 한꺼번에 모든 사람을 잃어버리게 되었다는 사실이라고 구는 말했다. 그러고는 시계를 한번 들여다보고 자리에서 일어섰다. 나는 어정쩡하게 서서 그를 배웅했다. 오랜만에 만난 구와 나는 식사는 고사하고 물 한잔도 함께하지 못했다.

나는 내내 찜찜한 기분이었다. 부탁을 거절하기 위
해 전화를 기다리는 일도 고역이었다. 그날 나는 구
에게 위로는커녕 안부를 묻는 말 한마디 건네지 못
했다. 볼이 홀쭉해진 걸 보면서도 얼굴이 낯설어졌다
고 생각했지 밥 한 끼 대접할 생각을 못했다. 나는 정
말 옹졸한 사람이구나. 그런 자괴감 때문인지 나는
있는 대로 뾰족해졌다. 일요일 저녁 연인과의 다툼은
아주 사소한 것에서 시작되었지만 도무지 끝이 나지
않았다. 밤부터 새벽에 이르기까지 그와 나는 서로의
모든 것을 비난하며 싸웠다. 더 모진 말을 하지 않기
위해 날이 밝을 즈음엔 핸드폰 전원을 꺼버려야 할
정도였다. 잠을 거의 못 잔 상태로 학교에 가는 동안
나는 분노와 억울함에 휩싸여 있었다. 하루가 그런
식으로 소리 없이 저물었다. 나는 월요일 밤이 되어
서야 구를 떠올렸다. 전원이 꺼져 있는 핸드폰에 계
속해서 전화를 걸었을 구를. 사람을 너무 많이 잃었
어, 너까지 나를 피하진 말아주라. 돈을 빌려달라는
말보다 더 간절하게 전했던 그 말을.

봄날, 벚꽃이 질 때마다 나는 그날의 기억과 마주

친다. 꽃잎이 떨어지는 자리에 서서 나를 기다리고 있던 구를 봄의 반대편으로 힘껏 밀어내버린 사람이 나인 것만 같다. 그날의 나를 아무리 미워하고 부끄러워해도 구가 다시 내게 닿는 일은 없었다. 구가 어딘가에 취업을 했다는 이야기와 가족과 떨어져 살게 되었다는 얘기를 어렴풋이 들었지만 그에게 전화를 걸 용기가 나지 않았다. 더없이 부끄러운 봄날이었다. 그러니 어느 봄날의 나는 바람이 불지 않아도 목이 뚝뚝 꺾이는 꽃들 속에 팻말처럼 꽂혀 있다. 봄의 반대편에서 나를 바라보고 있는 이가 구이기도 하고 나이기도 해서, 아무것도 하지 못한 채 나는 다만 서 있다.

별것 아닌 것 같지만
충분히 괴롭고 외로워

나는 좀 이상한 체질을 타고났다. 덕분에 어릴 때부터 미심쩍은 시선으로 몸 구석구석을 살피고 주변을 의심해야 했다. 불쑥 나타났다가 또 불현듯 사라지는 어떤 증상들 때문이었다.

　나의 십 대는 여러 알레르기와 안면 홍조로 점철되었다. 꽃가루와 동물털 알레르기로 코밑이 늘 헐어 있었다. 홍조로 인해 뺨과 코가 얼룩덜룩했는데 그 때문인지 인상이 나쁘다는 소리를 자주 들었다. 잔뜩 약이 오른 것처럼 새빨간 얼굴은 초등학교 졸업 앨범에 고스란히 박제되어 있다. 중고등학교 시절에는 화장품으로 홍조를 눌러 기이할 만큼 창백한 얼굴이 졸업앨범에 박혔다. 그래도 그 정도는 견딜 만했다. 비슷한 증상을 가진 아이들이 꽤 있었고 어른들은 내 뺨만 보고도 이유를 알았다.

문제는 음식 알레르기였다. 이건 매번 구차한 변명과 주의를 필요로 했다. 어린 시절 내게는 고기 알레르기가 있었는데, 주위에서의 반응은 한결같았다. 그런 게 있어? 뭔가 착각한 거 아냐? 알레르기 증상도 희한해서 육류를 먹으면 약간의 시간차를 두고 발목에서부터 허벅지까지 적갈색 반점이 피어났다. 시든 낙엽의 색과 모양을 가진 반점들은 때로 영원히 사라지지 않을 것처럼 시커메졌다. 나는 병원에서 처방받은 분홍색 연고통을 달고 살았다. 빡빡한 제형에 냄새가 지독해 약을 바른 뒤에는 늘 콧물이 났다. 참지 못하고 고기 몇 점을 몰래 집어 먹은 뒤엔 호된 질책에 시달려야 했다. 나는 새빨간 얼굴에 억울함을 매단 채 식탁에서 소외되곤 했는데 이게 웬걸, 그 모든 상황이 갑자기 끝나버렸다. 어느 날부터 고기를 먹어도 반점이 돋지 않았던 것이다. 어리둥절한 채로 나는 그동안 못 먹었던 고기를 한풀이하듯 먹어댔다.

어느 날은 간장게장을 먹다가 목구멍이 빠듯하게 조여오는 느낌이 들었다. 뭐지, 하면서 물을 마시려는데 턱 아래로 물이 줄줄 흘렀다. 입술과 혀가 두꺼운 소시지처럼 부어오른 것이다. 나는 간장게장이 지나 갔을 식도와 위, 십이지장 같은 곳을 떠올렸다. 이렇 게 부풀어 오르다 통째로 터져버리는 것 아닐까. 증 상이 심할 때는 간장에 절인 음식만 먹어도 목구멍 이 조여왔다. 나는 다시 긴장한 채 음식을 골랐으나 몇 년 뒤엔 고기 알레르기가 그랬던 것처럼 증상이 깨끗이 사라졌다. 나는 게딱지에 열심히 밥을 비벼 먹어치웠다. 간혹 목이 따끔거렸지만 무시했다. 무시 하면 버틸 수 있을 만큼의 증상이었다.

비슷한 일이 계속됐다. 생마늘이 닿으면 손끝이 개 구리처럼 붓는다든가 하는 일들이 배턴터치 하듯 번 갈아 나타났다. 생마늘을 만질 수 없게 되면 강아지 를 만질 수 있게 되고 꽃향기를 맡을 수 있게 되면 가슴과 등판에 반들거리는 비늘 같은 게 돋아났다. 나는 내 몸을 도무지 신뢰할 수 없었다. 온갖 검사 끝 에 원인불명이라고만 답하는 의사도 싫었다. 익숙한 것을 먹고 같은 곳에만 머물러도 내 몸은 틀림없이 무언가를 감지하고 고장 났다. 그러다가 돌변해서는 완전히 없었던 일이 되어버리는 것이었다.

너도 참 유별나다. 나는 그런 말을 자주 들었다. 결

국 증상이 없어졌으니 좋은 거 아냐? 누군가 쉽게 결론지을 때마다 그간의 노력을 부정당하는 기분이었다. 그러니까 이 모든 일을 겪는 동안 나는 줄곧 외로웠다. 괴로워와 외로워는 너무 가까운 말이구나. 모두가 이런 식의, 자신만이 아는 고통과 허무 속에 살고 있다면 이 세상은 얼마나 외로운 곳일까. 서로를 이해할 수도 짐작할 수도 없는 세계 속에 홀로 서 있다고 생각하는 사람은 또 얼마나 많을까. 별것 아닌 것 같지만 내게는 충분히 괴로워. 외로워. 거울 속 입이, 또다른 입이 말했다. 반대편으로 팔을 뻗어 퉁퉁 부은 얼굴을 어루만져 주고 싶은 목소리였다.

그리움만 쌓이네

불현듯 강이 보고 싶었다. 그건 정말 이상한 일이었다. 강과는 고등학교 1학년 때 같은 반이었고 같은 동아리에서 활동했지만 그뿐인 인연이었다. 졸업한 뒤로 나는 강과 만난 적이 없었다. 안부를 전한 일도, 그 흔한 SNS 메시지 한 번 주고받은 적도 없었다. 그런데 강이라니. 나는 당혹스러우면서도 간절한 마음을 담아 고교 동창생인 오에게 고백했다. 못 견디게 강이 그립다고 말이다. 오는 나보다 더 당황한 얼굴로 물었다. "네가 강이랑 친했던가?" 당시 문학동아리는 실기와 면접을 거쳐 한 학년당 꼭 여섯 명만 뽑았고, 강과 나는 그 여섯에 속해 있었다. 그러니 친했던 게 틀림없다고 나는 말했다. "일곱 명이었어." 오가 찡그린 얼굴로 정정했다. "한 학년에 일곱 명."

강은 자그마한 체구에 발이 빠른 친구였다. 잘 웃고 누구와든 잘 어울렸으며 다른 사람 흉보는 것을 유난히 싫어했다. 강은 책상에 바짝 엎드린 채 노트 마지막 장에 시詩를 쓰곤 했는데 글자가 크고 자간이 넓어 어딘가 엉성하고 볼품없어 보였다. 그럼에도 글자 각각의 획만은 더할 나위 없이 반듯했다. 선배들은 강의 시를 두고 인간적이고 따뜻하지만 도무지 시 같지는 않다고 평하곤 했다. 그러면 강은 잠시 시무룩해 있다가 빈 종이 위에 새로운 글자들을 써 내려갔다. 내 눈에 그것은 틀림없이 시였다.

"강에게 전화해볼래?" 고심하던 오가 내게 번호 하나를 내밀며 말했다. "그런데 네가 기대하는 거랑 반응이 다를 수도 있어."

내 기대는 대단치 않았으므로 나는 오의 말을 흘려들었다. 집에 도착하자마자 나는 강에게 전화를 걸었다. 강! 나는 들뜬 목소리로 정말 오랜만이지, 하고 외쳤다. 강은 예전처럼 호탕한 웃음소리를 내며 나를 반기지 않았다. 수화기 너머에서 강은 숨소리도 내지 않은 채 침묵했다. "내 번호 어떻게 알았어?" 따뜻함이라곤 조금도 남아 있지 않은 목소리로, 강이 내게 물었다. "누가 내 번호 알려줬어? 왜 전화한 건데?"
왜냐니. 이 순도 높은 그리움을 대체 어떻게 설명해
야 하나. 난감함과 함께 조금씩 불쾌감이 솟기 시작
했다. "내가 괜히 전화했나 보다." 강은 부정하지 않
았다. 나는 한껏 마음이 상한 채 전화를 끊었다.

　대학 입시를 준비하던 시기는 모두에게 최악이었
으므로 오히려 억울할 게 없었다. 빽빽한 시간표 속
에서도 아이들은 어떻게든 시시콜콜한 즐거움을 찾
아냈고 나 또한 그랬다. 내겐 동아리 사람들과 함께
한 시간이 다채로운 색과 열기를 내뿜는 추억으로
남아 있었다. 그 안의 모든 사람과 모든 말이 소중했
다. 그런데 강에게는 아니었던 걸까.

　"예전에 우리 동기 하나가 다단계에 빠져 곤욕을
치렀잖아. 거기 휘말려 고생한 사람도 있었고." 오는
그 동기 때문에 강의 경계심이 유난해진 것 같다며
혀를 찼다. "그러니 보고 싶단 말도 곧이곧대로 들리
지가 않는 거야." 알 것도 같았다. 나 역시 순도 높은
그리움의 세계보다 순도 높은 불신의 세계 속에 살고
있으니까. 타인을 마음껏 환대할 수도, 스스로 환대
받을 수도 없는 세계를 떠올리자 서럽고 쓸쓸한 기분

이 들었다. 책상에 바짝 엎드린 강은 이제 무엇을 쓰고 있을까. 그것이 무엇이든 시는 아닐 것만 같았다.

가을 태풍 속의 오리배

어느 가을의 일이었다. 친구가 전화를 해서는 불쑥 오리배를 타러 가자고 말했다. 오리배? 내가 묻자 친구는 잠시 뜸을 들이다 답했다. 지금 오리배를 타지 않으면 돌아버릴 것 같아. 친구는 좀처럼 쓰지 않던 연차를 썼다고, 벌써 전철역 승강장에 서 있다고 했다. 천천히 준비하고 나오라는 친구의 말 뒤로 열차 도착 알림음이 요란하게 울렸다.

친구는 직장을 막 옮긴 참이었다. 이전에 일했던 곳은 견고한 시스템을 갖춘 업장이었으나 위계가 지나치게 분명하고 학벌을 따졌다. 새로운 곳은 분위기가 자유로운 대신 업무 분장이 확실치 않았다. 특별히 사이좋은 사람과 특별할 것도 없이 사이 나쁜 사람이 하나씩 있다고, 전자와는 결혼을 하고 싶고 후

자와는 머리채를 잡고 싸우고 싶다고 친구는 말했었다. 마음이 오락가락하겠구나 싶긴 했지만 난데없이 오리배라니. 한강도 배도 전부 싫어하는 나는 말 한 마디 얹지 못한 채 오리배 선착장까지 가고 말았다.

평일 오전의 선착장은 텅 비어 있었다. 친구는 수동오리배를 고른 뒤 구명조끼를 꼼꼼히 챙겨 입었다. 승선할 때 깊숙이 기울어지는 오리배 때문에 나는 비명이라도 지르고 싶은 심정이었다. 바람이 제법 불어 수면이 거칠었다. "어떤 사람이 나를 미워하면 나도 똑같이 미워해주면 그만이라고 생각했단 말이야." 친구가 힘차게 페달을 밟았다. "근데 그 사람을 미워하려면 그만큼의 에너지를 써야 돼. 나는 온종일 그 사람을 신경 쓰고 그 사람만 지켜보고 그 사람 말을 곱씹어. 단지 미워하기 위해서 그만큼의 노력을 해. 너 그거 알아? 그렇게 미워하는 동안 자꾸만." 친구가 한참 말을 고르다 발을 멈췄다. 이미 사방이 물이었다. "내가 그 사람을 닮아가."

딱히 위로할 말이 없어 나는 발을 굴렀다. 그런데 어째서인지 오리배는 기우뚱대기만 할 뿐 좀처럼 앞으로 나아가질 않았다. 뻥 뚫린 사방으로 이리저리 바람이 들이치기 시작했다. 오리배가 움직일 때마다 주위에서 물이 넘칠 것처럼 찰랑거렸다. 급기야 오리배는 정면으로 바람을 맞고 뒤로 밀려가기 시작했다. 강 복판에 있던 금지선과 부표까지 우리는 순식간에 떠밀려갔다. 그제야 심상치 않음을 눈치챈 친구가 같이 페달을 돌리기 시작했다. 친구는 설마, 하는 목소리로 말을 꺼냈다. 가을 태풍이 어쩌고 하는 기사를 엊그제 본 것 같은데. 뉴스를 찾아보니 정말이었다. 남단을 스칠 뿐이지만 강풍과 호우를 조심하라는 내용의 기사가 태반이었다. 우리는 필사적으로 발을 굴렀다.

그래서 사람이 아무도 없었던 거 아냐? 이런 날은 당연히 영업을 안 했어야지. 나의 원망은 오리배 직원에게 향했다. 그러고 보니 시간 신경 쓰지 말고 재미있게 놀고 오시라던 말도 수상쩍었다. 표정이 좀 익살맞지 않았어? 저기서 우리가 버둥대는 걸 구경하고 있을지도 몰라. 친구는 이를 꽉 물고 페달 밟기에만 집중하고 있었다. 마음의 다급함과 달리 오리배는 몹시 더디게 움직여 선착장으로 돌아갔다. 땅에 발을 디딜 수 있게 되었을 때쯤엔 등과 엉덩이가 땀으로 흠뻑 젖어 있었다. 직원이 달려와 오리배를 고정시키며 물었다. "왜 벌써 그만 타세요? 날씨도 좋은데." 날씨? 날씨가 좋다고? 나는 직원에게 한 소리 쏟아부을 작정으로 홱 돌아서 강을 손가락질했다. 수면이 잔잔했다. 방금 전까지의 바람이 거짓말이었던 것처럼 일렁이는 물결 위로 햇빛이 찬란하게 부서지고 있었다.

친구와 나는 전철역까지 말없이 걸었다. 종아리와 허벅지가 걸을 때마다 저릿저릿했다. "별것도 아니네." 친구가 창문 너머로 보이는 한강을 가리키며 말했다. "아깐 그렇게 무서웠는데, 지나고 보니까 아무것도 아니야." 나는 고개를 끄덕였다. 사방이 고요하고 평화로운 한낮이었다.

우리가 주고받는 것들

밤 산책을 나선 길이었다. 종일 비구름이 서성인 탓에 바닥이 제법 젖어 있었다. 나는 보도블록과 화단 옆에 생긴 자그마한 웅덩이들을 피하려고 바닥을 살피며 걸었다. 여름내 번갈아 피어나느라 바빴을 배롱나무 꽃들을 보고 있는데 목소리 하나가 불쑥 끼어들었다. "엄마, 나 좀 봐봐요!" 호들갑스러운 어조와 달리 굵고 걸걸한 목소리였다. 돌아보니 웬 중년 남자가 노인용 스쿠터에 앉아 손을 흔들고 있었다.

남자는 자그마한 노인을 향해 오른손을 펴 보였다. "엄마 이쪽! 밥 먹는 손!" 스쿠터 손잡이를 잡고 얼마간 전진하던 남자가 손을 떼더니 말했다. "이렇게 손을 놓잖아? 레버를 딱 놓지? 그럼 멈추는 거야" 곧이어 왼손을 펴든 남자가 왼손은 후진! 하고 외쳤다.

남자가 오른손 왼손을 번갈아 움직이는 동안 스쿠터가 앞으로 뒤로 이동했다. 강마른 체구의 노인 근처를 한 바퀴 길게 돌면서 남자가 말했다. "엄청 쉽지? 이거 타면 엄마 병원도 시장도 다 편하게 다닐 수 있어." 스쿠터가 멈추자 노인이 남자에게 다가갔다. 몹시 느린 걸음이었고, 벋정다리 때문에 상체가 심하게 출렁였다. 거동이 불편한 노인에게 아들이 스쿠터 사용법을 알려주고 있는 모양이었다.

이제 엄마가 해봐. 남자가 스쿠터에서 내리려고 하자 노인이 팔을 휘저었다. "이거 하나도 안 어려워. 한 번만 해보자, 응?" 남자의 목소리가 달래듯 은근해지려는데 노인이 좀 더 크게 팔을 휘젓더니 말했다. "아유, 거기 진흙 있다, 거기 발아래 물 있어." 남자가 잘 보이지도 않는 웅덩이를 피해 내려서자 노인은 그제야 어깨를 펴며 말했다. "그까짓 거 내가 다 하지. 뭐든 금방 배운다, 나는." 근처를 괜히 서성이며 나는 그들을 지켜보았다. 스쿠터에 오른 노인은 한두 번 손잡이를 쥐었다 놓더니 앞뒤로 곧잘 움직였다. 얼마 지나지 않아서는 핸들을 움직여 커브도 돌았다. 남자는 그런 노인의 곁에 바짝 붙어 노인보다 먼저 멈추고 전진하고 서둘러 휘어졌다. 그 모습이 아이에게 자전거를 처음 가르치며 전전긍긍하는 부모와 똑 닮아 있었다. 남자도 저런 식으로 네발자전거를, 보조 바퀴를 뗀 두발자전거를 노인에게서 배웠을까. 그때도 노인은 남자를 주시하다 아유, 거기 돌 있다, 거기 바퀴 앞에 뭐 있어, 하면서 팔을 휘휘 내저었을까.

아빠는 겁이 많은 내게 어린 시절 자전거 대신 롤러스케이트를 가르쳐주었다. 나는 도무지 앞으로 나가지 못하고 허우적대다 뒤로 빠진 다리 때문에 넘어지기 일쑤였다. 그때 우리는 어땠더라. 아빠는 나를 조금도 한심해하지 않았다. 넘어질 때 잘 넘어지기만 하면 다 괜찮다며 낙법을 가르쳐주는 사람이 나의 아빠였으니까. 덕분에 나는 힘차게 내달리지는 못하지만 제법 잘 넘어지는, 그래서 더욱 잘 일어서는 사람이 되었다. 그리고 지금은 노인이 된 부모 옆에서 은행 애플리케이션과 의료기기 사용법을, 보이스피싱을 피하려면 어떻게 해야 하는지 같은 것들을 알려주고 있다. "엄마, 이것 좀 봐봐요. 이렇게 해외에서 오는 문자는 읽지도 말고 삭제해버려." "아빠, 허리가 결리고 아플 때는 이거 5번을 눌러서 써야 되는 거야. 어디 한번 해봐요."

하나도 어렵지 않아, 일단 한번 해봐, 발밑 조심해야지. 우린 그런 말들로 서로를 북돋아주고 아주 사소한 위험까지 경고해주며 그동안 살아왔을 것이다. 언제든 손 뻗기 좋은 위치에 서서 서로를 지켜보며, 세상 사는 방식과 편리를 위한 용법을 일러주면서 말이다. 우리가 주고받은 것들은 돌봄 이상의 무엇이겠지. 전부 다 돌고 도는구나. 그런 생각을 하며 나는 천천히 집으로 향했다. 오랜만에 롤러스케이트가 타고 싶어졌다.

어여삐 여기는 마음

학교 본관 구석에 위치한 엘리베이터는 유난히 크고 느렸다. 그래도 밖을 내다볼 수 있는 통유리 구조인 데다 사람이 적어 나는 학교에 갈 때마다 그것을 이용하곤 했다. 햇빛이 꽉 들어찬 유리벽 안으로 걸어 들어가는 기분도 나쁘지 않았다. 구동음과 함께 위로 천천히 솟구치다 보면 지난주보다 조금 더 푸르고 지난달보다 한결 풍성해진 나무들이 눈에 들어왔다. 여름에는 새 둥지를, 겨울에는 눈 뭉치를 머리에 이고 있는 나무들이었다.

올해는 여름이 이르게 시작된다고 했으니 5월이면 벌써 더우려나. 곧 온실처럼 달궈질 한여름 유리벽을 떠올리고 있는데 학생 셋이 엘리베이터에 올랐다. 대학영어 교재를 들고 있는 폼이 올해 신입생인 모양이었다. "너 오늘 공부할 거야?" 목소리 하나가 물었다. 내려야 할 층에 다다라 나는 문 앞으로 옮겨 숫자판을 올려다보고 있었다. 다른 목소리가 망설임 없이 답했다. "공부하기에 난 오늘 너무 이쁘고 신이 나는데?"

확신에 찬 목소리가 환하고 선명해 나도 모르게 웃음이 새어 나왔다. 셋 중 누구일까. 나는 조금 전 스친 인상들을 머릿속에서 더듬어보다 그만두었다. 누구 하나가 아니라 셋 모두일 것 같아서였다. 누군가는 예쁘고 누군가는 신이 나고 누군가는 한없이 다정하겠지. 유리벽 너머 나무들보다 몇 배는 푸르고 풍성한 무언가가 엘리베이터 안에 그득 찬 것 같았다. 거기서 내려 상대적으로 어둑하고 긴 복도를 걷는 동안 나는 신이 난 사람에 대해 생각했다. 신이 나는 데다 자신이 너무 예뻐 어쩔 줄 모르는 사람에 대해서도 거듭 생각했다.

다른 사람들의 예쁜 부분은 얼마든지 떠올릴 수 있는데 어쩐 일인지 그 안에 나를 대입하면 생각이 뚝 끊겼다. 나를 어여삐 여긴 게 언제였더라? 신나는 마음으로 오늘 뭘 할까 고민했던 적은 또 언제였지? 기억을 아무리 되짚어도 멈추는 구간이 없었다. 내 안의 나는 늘 허둥대고 조급하고 초조한 마음으로 어딘가를 향해 내달리고 있었다. 오늘의 일을 가까스로 끝내고 내일의 일을 추려 이리저리 끼워 맞추는 일과가 그리 신나지도 않았다. 나는 매일 나를 건너뛰는 데 열심이었다. 하루 종일 애써서 할 일을 끝냈다면 조금쯤 기특해해도 좋을 텐데. 어느 순간부터 나는 숨 죽은 베개처럼 일과 저편으로 밀려났다. 남다른 각오가 필요한 것도 아닌데 나는 나를 들여다보는 일을 자꾸 잊는다. 나를 지지하고 응원하는 일에 자꾸만 옹색해진다.

나를 어여삐 여기는 마음은 나를 존중하는 마음과 맞닿아 있다. 마음을 헤아리는 일 역시 마찬가지다. 오늘의 나는 눈 밑이 까맣고 우중충하니 맛있는 것을 먹어볼까. 향이 진하고 고소한 커피와 크림브륄레를 곁들이면 즐거운 마음이 몽글몽글 피어오르겠지. 무르고 진한 연필심으로 책에 밑줄을 실컷 그으며 좋아하는 구절을 노트에 옮겨 적는 것도 좋을 것이다. 그런 식으로 오늘의 나를 다독여 내일로 보내면, 내일의 나는 적어도 오늘보다 예쁘고 신이 나지 않을까. 나는 강의실에 다다를 때까지 어두운 복도를 걸으며 이름 모를 학생들에게 배운 말을 주문처럼 외워보는 것이다. 오늘의 내가 너무 예뻐서.

오늘을 사는 기분

부모님 집에 새로운 정수기를 설치하던 날이었다. 내 이름으로 한 계약이라 설치기사가 내게 전화를 걸어왔다. 적당한 속도로 또박또박 말하는 사람이었다. 그는 약속한 시간에 꼭 맞춰 문을 두드리고 말투만큼이나 정확한 손놀림으로 정수기 설치를 끝냈다. 싱크대 상판을 뚫고 갈아낸 자리도 말끔히 정리해두었다. 설치기사가 내민 서류에 사인을 하려는데 그가 내 얼굴과 서명을 골똘히 들여다보더니 말했다. "너 맞구나!" 그는 자신의 명함을 내밀며 내가 졸업한 초등학교 이름을 댔다. "나 기억 안 나? 6학년 때 너랑 같은 반이었는데!" 기억이 났다. 그의 이름을 보자마자 불행하게도, 모든 기억이 전부 다.

그는 내 이름과 얼굴은 기억해도 그 시절의 일들은

완전히 잊어버린 모양이었다. 나는 잠시 숨을 참았다. 당시 열세 살의 나를 혹독하게 따돌리던 무리 중에 그가 있었다. 그는 장문의 편지를 내게 보내기도 했다. 내가 왜 싫은지에 대해 내 신체와 목소리, 성격과 옷차림을 하나하나 지적해놓은 편지였다. 욕설 한마디 없이, 깨끗한 종이에 반듯한 글씨로 채워 넣은 경멸의 편지에 나는 큰 충격을 받았었다. 너무나 진심으로 읽혔기 때문이다.

그들은 어느 날부터인가 나를 완전히 배제한 채 내게 있던 유일한 친구를 괴롭히기 시작했다. 나를 숫제 유령 취급했으므로, 내게는 어떤 위해도 가하지 않았다. 괴롭힘을 혼자 감당해야 했던 친구는 결국 그들에게 무릎 꿇고 사과했다. 문구점이 즐비하게 늘어서 있던 학교 앞 대로 한복판에서였다. 친구와 나는 그날부터 서로를 철저히 모른 척했다. 내가 혼자 남겨지자 그들은 더 이상 내 친구를 괴롭히지 않았다. 나는 내 앞에서 싱그럽게 웃고 있는 설치기사를 마주 보았다. 그런 날들이 있었는데 너는 정말로 다 잊었구나.

그가 돌아간 뒤 얼마 지나지 않아 제품 설치에 대

한 만족도 조사 링크가 도착했다. 설치기사에 대한 평가 조항도 함께였다. 나는 문항들을 꼼꼼히 읽고 답변해나갔다. 설치 서비스에 만족하십니까? '그렇다.' '매우 그렇다.' 왜냐하면 그는 정말로 그랬으니까. 제품에 대해 정확히 설명하고 빠르게 설치한 뒤 시공의 흔적을 깨끗이 지우고 돌아갔으니까. 일에 있어 흠잡을 데 없이 완벽한 기사였으니까. 그러니 나는 그것에 대해서만 평가하면 되었다. 과거의 일로 하여금 그에게 불이익을 주고 싶다는 비열한 마음을 발로 밟아 터뜨렸다. 별점을 깎고 불친절하고 무능하다는 불평을 마구 써넣고 싶은 마음을 억지로 지웠다. 나는 그런 사람이 아니니까, 누군가에게 부당한 일을 행하고 혼자 만족해 키들거리는 졸렬한 마음의 소유자가 아니니까, 나는 그들과 완전히 다른 사람이니까 말이다.

내게는 스스로에게 부끄럽지 않은 인간이 되는 일이 무엇보다 중요했다. 타인과 타인의 삶을 함부로 훼손하지 않는 것이 내가 지키고픈 삶의 태도였다. 그것은 내가 나의 삶을, 내 일상을 지켜내는 방법이기도 했다. 그러니 과거로 끌려들어 가서는 안 됐다. 나는 나 자신인 채로, 바로 오늘을 살아가면 될 일이었다.

나는 오롯이 나인 채로 여기 서 있었다. 그들은 과거에 그랬듯 오늘의 나도 망가뜨리지 못할 것이다. 나는 설치기사의 명함을 제품 설명서와 함께 서랍에 넣었다. 비로소 오늘을 사는 기분이었다.

외로우면 종말

사람을 구하는 사람

친구가 내게 찾고 싶은 사람이 있느냐고 물었다. 꼭 찾아내서 사과나 감사나 안부를 전하고 싶은 사람이 있느냐고. 나는 있다고, 그러나 찾을 수는 없을 거라고 답했다. 내가 찾고 싶은 사람이 얼굴도 이름도 모르는, 커다랗게 입을 벌려 소리치는 장면만 기억나는 한 아저씨인 탓이었다.

벌써 20년도 더 전의 일이다. 화창한 5월이었고 모처럼 언니들이 평일에 휴가를 냈다. 우리는 엄마를 모시고 용인으로 가 꽃구경과 사파리 투어를 할 예정이었다. 일곱 살 난 조카와 함께였으니 대부분의 시간을 놀이동산에서 줄이나 서며 보내게 될 게 뻔했지만 그럼에도 우리는 들떠 있었다. 햇빛도 바람도 적당히 보드라운 봄날이었다. 우리는 많이 걷고 많이 뛰고 많이 웃었다. 마지막엔 반드시 물벼락을 맞게 되어 있는 놀이기구를 여러 번 탔고 어쩐지 굽신거리며 쫓아와 묘기를 부리는 곰도 구경했다. 모두에게 꽤 만족스러운 시간이었다고 나는 기억한다. 문제는 그다음이었다. 밤이 되어 집으로 돌아오는 고속도로 한복판에서 우리가 탄 노란색 경차가 덜컥, 서버린 것이다.

우리는 겁에 질린 채 차 안에 갇혀 있었다. 6차선 위로 차들이 일제히, 한 방향으로 내달렸다. 차들이 스쳐 지날 때마다 차체가 심하게 흔들려 속이 울렁거릴 지경이었다. 얇은 문짝 너머로 거친 배기음과 경적 소리가 쏟아졌다. 때맞춰 잠이 깬 조카가 무시무시한 목소리로 울음을 터뜨렸다. 아파, 다리 아파! 조카가 발버둥 치며 우는 통에 우리는 그야말로 혼이 쏙 빠졌다. 보험사에 전화해 견인차를 부른 언니가 차문을 열었다. 트렁크에서 삼각대를 꺼내 고속도로를 거슬러 올라가는 언니의 뒷모습이 크게 휘청거렸다. 가까스로 세운 삼각대는 1분도 지나지 않아 산산조각 났다. "부서진 삼각대라도 있어야 사람들이 속도를 줄이지." 언니가 그렇게 말하며 비상용 삼각대를 다시 꺼내들었다. 두 번째 것 역시 순식간에 차바퀴에 갈려나갔다. 죽을 수도 있겠다는 생각이 들었다. 하필이면 삼대가 다 모여 있을 때. 나는 끔찍한 생각을 하며 몰래 숨을 삼켰다.

그때였다. "뭐 하는 거요?" 우리 바로 뒤에 차를 세운 아저씨가 소리쳤다. "왜 그러고 있냐고!" 나중에 공업사에서 듣기로 차는 주유등이 고장 나 기름이 떨어진 상태였다. 아저씨는 자신의 차에서 내려 우리 차로 뛰어왔다. 창 안쪽을 들여다보고는 땀에 흠뻑 젖은 각종 연령대의 사람들에 난감한 표정을 지었다. "이러고 있으면 큰일 나, 내려! 빨리 내려!" 훨씬 날카로워진 경적 소리가 허공을 내리그었다.

아저씨는 다급히 문을 열고 우리를 끌어냈다. 우리가 갓길까지 뛸 수 있도록 팔을 높이 들고 온몸을 휘적거려 뒤차를 막았다. 하나둘 비상등을 켠 차들이 멈춰 섰다. 아저씨가 우리 차로 돌아가더니 활짝 열린 문 안쪽으로 핸들과 차체를 잡고 갓길까지 밀어내기 시작했다. 2차선에서 갓길까지는 끔찍하게 멀었다. 사방에서 노랗게 깜빡이는 불빛 위로 아저씨가 발을 내디딜 때마다 죽음에서 생으로의 걸음이 한 발짝씩 이어지는 것 같았다. 차를 옮겨 바퀴까지 완전히 틀어놓은 뒤 아저씨는 서둘러 떠났다.

　이제 나는 안다. 그것이 정말 목숨을 건 행동이었다는 것을. 아저씨는 우리뿐 아니라 무참하게 휘말렸을지 모를 누군가의 삶까지 전부 구해냈다. 아저씨를 찾아낼 방법이 없으니 나는 다만 그날의 목소리를 그리워할 뿐이다. 이전에도 이후에도, 나는 그토록 다급하고 다정한 호통 소리를 들어본 적이 없다.

사람을 기다리는 사람

얼마 전에 비가 많이 내렸잖니. 엄마가 불쑥 이야기를 시작했다. 본가에 꽤 오랜만에 들른 덕에 잘 차려진 밥상을 받아먹은 나는 성의껏 말을 받았다. 그랬지, 그래서 자목련 꽃잎이 전부 떨어졌지. 엄마는 골똘한 표정으로 말을 고르더니 그 빗속에 웬 사람이 있는 거야, 하고 말했다.

엄마의 얘기는 이랬다. "전철을 타러 가는 길이었어. 역까지 올라가는 계단이 원체 가파르니까 숨을 좀 고르려는데 계단 입구 옆에 사람이 있더라고. 처마가 짧아 비가 다 들이치는데 꼼짝도 않고, 비가 쏟아지는 길만 바라보고 있는 거야, 휠체어에 앉아서. 그냥 가자니 영 마음이 쓰여 물어봤지. 아저씨, 우산 없으세요? 내 우산을 내밀었더니 됐대. 괜찮다고 쓰

시라고 했더니 한사코 됐대. 그러면서 우산을 들면
휠체어를 못 밀어서요, 하는 거야. 다시 보니까 간소
하게 생긴 게 전동 휠체어가 아니더라고. 양손으로
바퀴를 굴려야 하니 우산을 들 수가 없는 거지. 어디
까지 가시냐고 물었더니 길 건너 병원 장례식장에 간
대. 제가 우산을 받쳐드릴 테니까 거기까지 같이 가
요, 했더니 사람을 기다리는 중이라는 거야. 아는 사
람이 곧 올 거라고, 괜찮다고."

    그런데 그 사람이 계속 신경 쓰인다고 엄마는 말했
다. "약속 시간이 빠듯해서 내가 좀 망설였거든. 망설
이다 그다지 내키지 않는 목소리로 말했는지도 몰라.
그러니 사람이 온다고 거짓말로 거절한 거 아닐까."
아니라고 말은 했지만 내 생각도 크게 다르지 않았다.

    전철역에서 장례식장까지는 내 걸음으로 5분이 채
걸리지 않는 거리에 있었다. 칠십 대인 엄마 걸음으로
는 10분쯤, 휠체어로는 얼마나 걸릴까. 나는 단차가
높고 폭이 좁은 그 거리의 보도를 떠올렸다. 빗줄기
가 굵은 날 휠체어를 탄 사람과 서툴게 우산을 받친
사람이 나란히 걷기 좋은 길은 결코 아니었다. "다른
누가 좀 도와줬으면 했는데 다들 바쁘더라. 사람이 그

렇게 많아도 휙휙 지나가버리니 거기 있는 사람을 못
보는 거야. 나는 무릎이 아파 천천히 걸으니까 아무
래도 보이지. 그 계단 아래가, 거기 계속 멈춰 있는 그
사람이." 약속 장소에 가서도 내내 마음이 쓰였다고,
며칠이 지났는데도 여전히 눈에 밟힌다고 엄마는 말
했다.

　집으로 돌아오는 동안 나는 본 적도 없는 그 사람
을 떠올렸다. 그가 지났을 좁고 불편한 길 때문이었
다. 오래된 거리의 그 길은 미묘하게 경사가 있어 비
나 눈이 오는 날 사람들이 많이 미끄러졌다. 상점들
이 어지럽게 내놓은 입간판과 홍보패널 때문에 그나
마 좁은 길의 절반은 무용지물이었다. 그러니 기다리
던 사람이 왔다고 하더라도 그들에게는 장례식장까
지 차도를 거슬러 올라가는 방법밖에 없었을 것이다.

　나라면 우산을 받쳐 들고 그와 함께 차도를 걸을
수 있었을까. 아니, 그 전에 나는 그 사람을 발견할
수 있었을까. 급행열차가 오는 시간에 맞춰 빠른 걸
음으로 계단을 뛰어오르기 일쑤인 나는, 핸드폰 속
좁은 화면을 응시하느라 주변을 거의 둘러보지 않는
나는 아마 누구도 발견하지 못했을 것이다. 약한 사

람만이 약한 사람을 알아볼 수 있는 세계에 나는 살
고 있으니 말이다.

타인을 돌보는 마음

왼쪽 볼에 콩알만 한 상처가 났다. 손톱 끝이 깨진 줄 모르고 얼굴을 긁어댄 탓이었다. 상처는 작았지만 눈에 띄게 빨갰고 피부가 벗겨진 부위가 상당히 쓰라렸다. 나는 집 앞 약국으로 향했다. 소아과 건물에 위치해 항상 유아차와 킥보드로 복작복작한, 맑은 콧물을 흘리거나 캐릭터가 그려진 냉각시트를 이마에 붙인 아이가 대기 소파에 반드시 한 명은 앉아 있는 곳이었다. 유리문을 밀고 들어가면 무표정한 얼굴의 약사가 깃이 반듯한 가운을 입고 나타나곤 했다.

약사는 내 상처를 살펴보고서 적당한 사이즈의 습윤밴드를 내주었다. 항생제 연고 발라도 되나요? 내가 묻자 굳이, 라고 말했다. "이렇게 얕은 상처는 굳이 연고 안 바르셔도 돼요. 진물 날 때 밴드 붙여두면 흉터 없이 금세 아물어요." 약사가 높낮이 없는 어조로 답하고는 조제실 안으로 들어가버렸다. 직원에게 카드를 건네면서 나는 얇은 벽으로 가로막힌 조제실을 넘겨다보았다. 분주하게 움직이는 약사의 정수리만 겨우 보일 뿐이었다.

나는 건물 엘리베이터에서 약사를 흥보하는 사람과 몇 번이고 마주쳤었다. 그들은 모두 다른 얼굴로 모두 비슷한 말을 했다. 약사가 무뚝뚝하고 불친절하다는 내용이었다. "소아과 환자가 대부분인데 곰살맞은 구석이 하나도 없어. 저쪽 약국은 애들한테 비타민도 하나씩 쥐어주고 그러는데 여기는 본체만체야." 그들의 불평은 대개 '동네 장사 이런 식으로 하면 안 되지'로 끝났다. 안 된다는 말에 비해 약국은 8년째 성업 중이었다. 나도 그 약국을 자주 이용했다. 시판약을 구매할 때에도 일일이 증상을 확인하고 복용법을 지도해주는 건 이곳밖에 없기 때문이었다. 약사는 약상자 겉면에 네임펜으로 1일 2회, 식후 복용 같은 글자들을 커다랗게 써주곤 했다.

내가 약사를 신뢰하는 이유는 그뿐만이 아니었다. 한번은 약국 앞에서 열 살쯤 되는 남자아이가 넘어진 일이 있었다. 아이가 탄 자전거가 보도블록에 앞바퀴를 세게 부딪히더니 순식간에 옆으로 쓰러졌다. 시멘트 바닥에 길게 쓸린 아이 종아리에 피가 번지기 시작했다. 아이의 손바닥도 팔꿈치도 온통 쓸린 상처투성이였다. 약사는 생수병을 갖고 나와 아이의 종아리와 손바닥을 물로 씻어낸 뒤 아이를 데리고 약국으로 들어갔다. 그러고는 그 특유의 무심한 얼굴로, 아이를 달래는 법도 없이 묵묵히 상처를 치료하기 시작했다. 나는 아이의 자전거를 세워 약국 앞에 끌어둔 뒤 가던 길을 갔다. 그 모든 과정이 기이할 만큼 차분하게 이루어졌다. 약사는 무뚝뚝했지만 필요한 곳에는 반드시 손을 내미는 사람이었다.

그러니까 나는 그 약사가 친절하지 않은 것이 좋다. 약사가 지나치게 높은 억양으로 말꼬리를 늘이면서 말하지 않는 것이, 보고 있는 내 뺨이 저릴 정도로 종일 웃고 있지 않은 것이, 의무적으로 서비스 상품을 내놓지 않는 것이 나는 좋다. 언제부터 우리는 과도한 친절을 당연시하게 되었을까. 어쩌면 그것은 친절을 틀에 맞춰 학습한 뒤 무한재생 하는 것에 불과할지 모르는데도 말이다. 타인을 보살피는 마음과 성실함. 약사에게 그보다 좋은 덕목이 또 있을까 싶다.

시간이 걸음을 떼면

드디어 문이 열렸다. 나는 창밖으로 목을 길게 빼 맞은편을 살폈다. 대각선으로 비스듬히 내려다보이는 건물 꼭대기 층, 틀림없이 그 집이었다. 누가 사는지 어떤 집인지 알 수 없지만 나는 지난 몇 달간 그 집 창문이 열리기만을 기다리고 있었다.

지난겨울 그 집에는 불이 났었다. 거세게 불길이 번지거나 창문이 터져나갈 정도의 큰불은 아니었지만 닫힌 창틈으로 집요하게, 꽤 오랫동안 연기가 솟구쳤으니 피해가 적지 않았을 것이다. 당시 나는 무심코 창밖을 내다보다 연기를 발견했다. 그러고는 태평하게도 군고구마를 해 먹으려다 태운 모양이라고, 이제 곧 집주인이 창문을 열어 환기를 시킬 거라고 생각했다. 그런데 고구마 몇 개 태웠다고 저렇게까지

온 창문에서 연기가 새어 나오나? 왜 인기척이 없지? 핸드폰 카메라로 확대해 검은 연기를 확인한 다음에야 나는 119를 눌렀다. 출동한 소방대원들이 건물 옥상에 나타났고, 아래를 내려다보며 연기가 솟는 집을 살피는가 싶더니 또 금세 그 집 앞 복도에 나타났다. 소화전에서 호스를 끄집어내는 소방대원의 모습을 나는 초조한 심정으로 지켜보았다. 그새 연기가 더 짙고 선명해진 듯해 좀처럼 눈을 뗄 수가 없었다.

그래서 그것을 발견할 수 있었다. 손바닥만 하게 보이는 창문에서 뭔가가 버둥대는 모습을 말이다. 빗살 창에 매달려 창문 꼭대기로 기어오르려 하는 건 다름 아닌 잿빛 고양이였다. 고양이가 움직일 때마다 방충망이 바깥쪽으로 불룩하게 늘어졌다. 몇 번만 더 버둥대면 방충망째 뜯겨 까마득한 아래로 추락할 것만 같았다. 나는 다시 119에 전화를 걸었다. "지금 안내방송에 나오는 그 출동 현장 말인데요. 방충망에 끼어 있는 고양이도 구해주실 수 있을까요?" 얼마 지나지 않아 소방대원의 팔이 창 쪽으로 튀어나왔다. 좁은 공간인지 불편한 각도로 뻗은 팔이 기겁해 도망치려는 고양이를 착실히 잡아 안쪽으로 사라졌다. 모든 게 그야말로 순식간이었다.

나는 경찰의 연락을 받고 헐레벌떡 집으로 돌아오고 있을 누군가를 떠올렸다. 주말의 도로 위를, 캐럴이 흘러나오는 거리를 그곳의 누구와도 닮지 않은 얼굴로 통과하고 있을 누군가를 말이다. 그을음과 연기 냄새는 좀처럼 빠지지 않는다던데 쓸 수 있는 물건이 있으려나. 수리 기간 동안 고양이와 함께 지낼 곳 구하기가 쉽지 않을 텐데. 나는 누구도 답해주지 않을 것을 혼자 궁금해했다. 진화 작업이 수월하게 이루어졌다고 해서 피해가 적다거나 복구가 손쉬울 리 없었다. 불은 순식간에 너무 많은 것을 앗아가니까, 불의 흔적은 흉포하고 광범위하며 생명력이 아주 기니까 말이다. 이를 증명하듯 그 집 창문은 겨울을 지나 봄이 되고, 폭우와 폭염으로 얼룩진 여름에 접어들도록 단 한 번도 열린 적이 없었다.

그런데 오늘, 그 문이 열린 것이다. 집에 들어선 사람이 수리를 의뢰받은 기술자든 고양이 주인이든 부동산 중개업자든 상관없었다. 닫아건 문 안에서 멈춰 있던 시간이 비로소 흐르기 시작했다는 점이 내겐 중요했다. 새롭게 스며든 바람과 햇빛 속에서 많은 것이 지워지고 다시금 단련될 것이었다. 어떻게든 시간은 이어질 것이고 새로운 오늘이 쌓일 것이다. 나는

홀가분해진 마음으로 창에서 물러섰다. 이제 곧 가
을이었다.

정확함에 대하여

늦은 오후 장문의 문자를 받았다. 모친상을 알리는 부고 문자였는데, 나는 당혹스런 마음으로 문자를 여러 번 살폈다. 아무리 봐도 모르는 이름이었던 것이다. 장례식장 홈페이지에 들어가 상주들의 이름은 물론 고인의 영정사진까지 모두 확인해봤지만 떠오르는 이가 없었다. 잘못 보낸 모양이라고 생각하면서도 못내 마음이 찜찜했다. "이런 건 정확해야 하는데." 중얼거리던 내 마음이 서늘하게 가라앉았다.

그것은 오래전 연락이 끊긴 친구가 자주 쓰던 말이었다. 그는 매사에 셈이 분명하고 행동이 재발랐다. 나는 그에게서 청첩장을 받던 날을 선명하게 기억하고 있다. 결혼식이 꼭 3주 남았던 때였고, 결혼식과 이사와 신혼여행 준비를 동시에 하느라 그의 얼굴이

핼쑥해져 있었다. 가봉해둔 드레스를 줄여야 할 판이라고 말하며 그가 청첩장을 내밀었다. "준비하는 동안 내 주변 사람들이 딱 반으로 나뉘더라고. 청첩장을 줄 사람과 안 줄 사람, 모바일 청첩장으로 끝낼 사람과 직접 만나 종이 청첩장을 건네줄 사람."

경조사를 치르면 인간관계가 단번에 '정리'된다던 어른들 말이 거짓이 아니더라고 그는 말했다. "결혼식이 끝나면 더 확실해지겠지." 그는 자신의 분류에 상당히 자신 있어 하는 눈치였다. 연한 크림색 청첩장의 돌출된 부분을 이리저리 만지다 내가 물었다. "그건 뭘로 구분하는데?" "당연히 시간과 돈이지. 나를 위해 시간을 할애해 결혼식에 참석했는가, 축의금을 얼마나 냈는가처럼 명료한 것. 우리 부모님은 오빠 결혼식 방명록을 아직도 들여다보셔. 누가 와서 얼마 냈는지 적어놓은 그거 말이야."

나는 조금 질리는 기분이었다. 그가 말하는 방식이 지나치게 노골적이었기 때문이다. 바꿔 말하면 그는 내가 그의 결혼식에 참석하지 않거나 흡족하지 않은 액수의 축의금을 낸다면 나를 선 바깥으로 분류하겠다고 말하고 있는 셈이었다. 내 표정이 안 좋았는지 그가 얼른 말을 덧붙였다. "갚아야 되니까 그러는 거야. 상대방 경조사에, 내 시간과 돈으로 받은 만큼 갚음해야 하니까."

인간관계가 꼭 그런 건 아니지 않느냐고, 그렇게까지 계산을 앞세워야 하는 거냐고 묻고 싶었지만 그러진 못했다. 우리는 뜨거운 커피를 단번에 삼키듯 마시고 자리에서 일어섰다. 가게 앞에서 헤어지려는데 그가 불쑥 내게 말했다. "네가 아직 뭘 몰라서 그래. 정확해야 상처받지 않는 것도 있는 거야."

그럴까. 나는 아직도 잘 모르겠다. 그건 어느 한쪽이든 노력하거나 셈하는 것을 게을리하면 단번에 끊어져버릴 관계라는 말 아닌가. 실제로 결혼식이 끝난 뒤 그와 나의 거리는 상당해졌다. 그러다 불쑥 아이 돌잔치 초대장을 모바일로 보내오기에 이제 나는 그런 쪽으로 분류된 건가 생각한 정도다. 그렇게 조금씩 떠밀리다 아무래도 상관없는 사이가 되겠지, 라고 생각했는데 실제로 그와 나는 이제 서로 모르는 사람처럼 살고 있다. 어느 날 불쑥 나의 부고가 그에게로 향한다면 어떨까. 그는 결혼식 방명록을 펼쳐 내가 낸 축의금을 헤아린 뒤 꼭 그만큼의 돈을 조의금

봉투에 넣어 올지도 모르겠다. 더없이 정확한 자신의
계산에 흡족해하면서 말이다.

조각하는 어른들

주말 한낮, 나는 몹시 서두르고 있었다. 겉옷을 고르다 점심 약속에 늦은 탓이었다. 아침과 밤에는 콧물이 나오도록 춥고 한낮에는 해가 뜨거우니 적당한 옷 고르기가 쉽지 않았다. 결국 핫팩을 챙겨 코트 주머니에 넣은 뒤 나는 버스 정류장을 향해 뛰기 시작했다.

공원 놀이터를 지나려는데 커다란 목소리가 들렸다. "너 한 번만 더 그러면 진짜 쥐어패버린다!" 뭐라고? 나는 엉겁결에 멈춰 섰는데, 내용도 내용이거니와 화난 목소리가 어찌나 큰지 우렁우렁 사방이 울린 탓이었다. 낮은 덤불 너머로 보이는 놀이터에는 남자아이 둘이 마주 보고 서 있었다. 소리친 아이가 어깨를 들썩이며 몸을 이리저리 움직였다. 마치 링 위에 선 것처럼 조금 물러섰다 앞으로 와락 다가서는, 다소 위협적으로 보이는 움직임이었다. 마주 선 아이 체구가 워낙 왜소한 탓에 소리친 아이의 상체가 유난히 두껍고 단단해 보였다. 저 애는 추운데 왜 겉옷도 안 입고 있담. 나는 새까만 맨투맨 셔츠 차림에 볼이 발갛게 달아오른 아이와 커다란 패딩점퍼에 몸이 푹 잠긴 조그만 아이를 번갈아보았다. 소리친 아이가 손에 쥔 생수병을 흔들어댔다. 나는 덤불 사이로 몸을 밀어 넣어 놀이터 쪽으로 들어섰다. 주위에 어른이 있을 때 폭력을 쓰진 않겠지 싶어서였다. 혹시 생수병이나 주먹으로 아이를 내리친다면 잡아 말릴 심산이기도 했다.

그런데 내가 다가가는 것보다 훨씬 빠르게 아이들 사이가 가까워졌다. 소리친 아이가 두 손을 번쩍 들어 크게 걸음을 내딛더니, 그대로 작은 아이를 끌어안은 것이다. "나랑 또 놀자." 여전히 씨근덕대며 아이가 말했다. 아까보다 작아진 목소리라 정확히 듣진 못했지만 나랑 또 놀자 내지는 나랑 더 놀자, 그 언저리의 말 같았다. 작은 아이가 작은 목소리로 사과했다. 나는 뭔가 겸연쩍어진 상태로 놀이터를 돌아 나왔다. 순간적으로 화가 난 것일 뿐 아이들은 화해하는 법을 잘 알고 있었다. 그나저나 대뜸 끌어안은 뒤 사과라니, 무모하고 정직한 게 초등학생에게 꼭 어울리는 화해법이란 생각이 들었다.

하지만 그것은 버스정류장을 향해 뛰어가던 나를 도로 멈추게 했다. 갑작스레 화해라니, 너무 부자연스럽잖아? 어른이 다가가니까 잠깐 연기한 거 아냐? 요즘 애들이 얼마나 영악한데. 머릿속에서 생수병이 와그작 찌그러지는 것 같았다. 허겁지겁 놀이터로 돌아가보니 정작 두 아이는 나란히 미끄럼틀을 거슬러 올라가는 중이었다. 커다란 패딩점퍼를 벗어 던진 탓에 조그만 아이의 볼도 큰 아이처럼 발갛게 달아올라 있었다.

버스를 기다리는 동안 여러 생각이 들었다. 아이에게 화해하는 방법을 가르쳐준 어른은 누구일까. 화가 나더라도 상대방을 마주 보고 진심을 이야기하라고 차근차근 알려준 어른은. 그 사람은 혹시 아이에게 '너 한 번만 더 그러면 쥐어패버린다'라는 말을 가르친 사람과 동일 인물일까? 어른들의 말 습관과 생활 방식이 아이들에게 그대로 새겨진다는 건 신기하고도 무서운 일이다. 나는 누구에게 어떤 것을 새겨두

었을까. 가만한 포옹과 감사의 말과 지극한 관심, 가
능하다면 나는 그런 것을 아이들에게 조각해주는 어
른이고 싶은데 말이다.

함수는 모르지만

열다섯 살이나 열여섯 살 즈음이었을 것이다. 엄마 고
집대로 크게 맞춘 교복에 비해 내 몸이 하나도 자라
지 않았던 어린 날이었다. 길고 묵직한 교복 탓인지
나는 젖은 빨래가 된 기분으로 매일을 보냈다. 햇빛
아래 아무리 오래 두어도 마르지 않을 것 같은, 축축
하고 고단한 기분이었다.

   월수금은 하교한 뒤 버스를 타고 영수 학원에 가
야 했다. 나는 수업 진도를 거의 따라가지 못했는데,
단과 학원이다 보니 내가 수업을 듣는지 마는지 관심
두는 사람이 없었다. 함수 그래프에 눈 코 입을 그려
넣으며 대충 시간을 때우다 보면 집에 갈 시간이었다.
어느 금요일, 학원으로 가는 버스 안에서 나는 축 처
진 채 앉아 있었다. 어깨에서 시작되어 팔꿈치, 손가

락에 이르기까지 복잡하게 얽혀 있던 실들이 불현듯 끊어진 것 같았다. 순식간에 무기력해진 나는 온몸의 실이 툭툭 끊어지는 소리를 듣고만 있었다. 버스는 내가 내려야 할 정류장을 지나쳐 완전히 낯선 공간을 향해 달려나갔다.

종점에 도착했을 때는 이미 어둑해진 뒤였다. 아파트 서너 채와 주택들이 몇 몰려 있는 것 외에 사방이 텅 비어 있었다. 공터와 들판 사이로 유일하게 뻗은 6차선 도로를 바라보며 나는 망설였다. 그때의 나는 화가 나 있지도, 두렵거나 혼란스럽지도 않았다. 다만 뭘 해야 할지 모르겠다는 생각뿐이었다. 한참을 서 있자니 버스에서 함께 내렸던 아주머니 한 분이 나를 불렀다. "애." 가던 길을 되돌아온 듯 아주머니는 작게 헐떡이고 있었다. "버스를 잘못 탔니?" 나는 대답하지 않았다. "버스비가 없는 모양이구나." 아주머니가 가방에서 커다란 지갑을 끄집어냈다. 지폐 칸에 영수증과 메모지 같은 것이 잔뜩 끼워져 있는 낡은 지갑이었다. 천 원짜리 한 장을 꺼낸 아주머니가 내 손에 그것을 쥐어주며 말했다. "괜찮아, 애. 저기 길 건너서 버스 한 번만 더 타면 돼. 아까랑 똑같은 거 타고 네가 아는 데까지 도로 가면 되지, 뭘 다 큰 애가 길바닥에서 울고 있니."

뭐였을까. 나는 지금도 가끔 생각한다. 어두워진
길 위에 혼자 서 있는 아이가 신경 쓰여 헐레벌떡 뛰
어오는 마음은, 몇 장 없는 지폐 중 하나를 건네주고
야 마는 마음은 어디에서 오는 걸까. 아주머니는 나
를 데리고 횡단보도를 건너 버스 정류장 표지판 아
래 잘 세워둔 뒤 돌아섰다. "그 버스는 배차 시간이
기니까 한눈팔지 말고 잘 보고 있어." 아주머니가 말
했으므로 나는 골똘히 도로 끝을 바라보았다. 천 원
짜리 지폐를 손에 쥐고, 함수 그래프를 그리듯 머릿
속에 숫자 8을 거듭 그렸다.

8번 버스를 기다린다. 처음의 자리로 돌아간다. 그
정도는 할 수 있을 것 같았다. 학원에서 소외감과 압
박감, 열등감에 시달리며 세 시간을 버티는 것보다는
쉬워 보였다. 도로 끝에서 불쑥 솟아오르는 버스와
앞머리에 희게 빛나는 숫자를 보면서 나는 한 발 내
디뎠다. 이대로 조금 더 자라게 된다면 나도 아주머니
같은 사람이 되고 싶었다. 얘, 하고 무람없이 부르면서
도 내미는 손만은 다감한 어른. 함수를 모르는 아주
작은 나라도 그 정도 꿈은 이룰 수 있을 것 같았다.

106

다정하고도 한없이 당연한 모두의 일

도로 위는 차들로 가득했다. "날이 갑자기 추워져서 그런가, 유난히 차가 많네." 언니가 운전석에서 목을 길게 빼 주위를 살폈다. 영하의 날씨긴 해도 햇빛이 강해 사방에서 반사된 빛이 어지러울 지경이었다. 바로 앞의 차체도 그런 식으로 빛났다. 지붕에서 트렁크로 이어지는 매끄러운 곡선을 따라 빛이 줄지어 흐르다 어느 순간 불규칙하게 튀어 올랐다. 여느 차와 다른 점이 있다면 후방유리에 붙은 A4 용지 두 장 정도였다. 뭐라고 쓴 거야? 내가 묻자 언니는 대수롭지 않게 답했다. "초보운전이겠지, 뭐." 그러나 종이는 영어색한 위치에 붙어 있었다. 굵은 획으로 눈에 잘 띄게 쓰곤 하는 '초보' 글자도 보이지 않았다. 신호가 바뀌며 차들이 멈춘 덕에 우리는 종이에 쓰인 얇은 글자를 읽을 수 있었다.

아, 하고 언니가 탄성을 냈다. "신생아라니 정말 귀엽겠다." 언니가 손을 쥠쥠 쥐며 말하는 통에 웃음이 났다. "무슨 소리야, 신생아가 얼마나 못생겼는데. 언니네 애들 태어났을 때 내가 얼마나 충격받았는지 알아?" 놀리듯 말했지만 반쯤은 진심이었다. 갓 태어난 아기는 쪼글쪼글하고 온통 새빨간 데다 눈, 코, 입, 이마가 구분 없이 납작했다. 초점이 맞지 않는 눈동자를 이리저리 굴리고 애벌레 같은 손가락을 꼬물거렸다.

언니는 아기 입이 새 부리처럼 뾰족해지며 무언가를 찾기 시작하면 젖을 먹였고, 미세하게 콧잔등을 찌푸리거나 딸꾹대면 서둘러 기저귀를 갈았다. 아기에게서 한시도 눈을 떼지 않았다. 아기는 모든 것이 엉성해 보였다. 이렇게 날것인 채로, 온몸 구석구석이 미완성인 채로 세상에 나와도 되는 건가. 나는 내내 의심스러운 시선으로 아기를 들여다보았다. 그러니까 이건 돌봐줄 수밖에 없겠다, 돌연 결심을 하기도 했다. 이렇게 작고 연약하고 아무것도 할 줄 모르는 생명체라면 내가 지켜줄 수밖에 없겠군, 하고 말이다.

그런 존재가 저 차에도 타고 있겠구나. 나는 종이 위의 글씨를 다시금 살폈다. 신생아의 'ㅅ' 자가 처마 끝처럼 날렵하게 들려 있었다. 세로획이 반듯하고 균형이 잘 잡힌 글자들이었다. 펜을 꾹꾹 눌러 정자를 쓰고 뒤차 운전자 눈높이를 가늠하며 종이를 붙였을 어떤 손도 오래전에는 통통한 애벌레 같았겠지. "아기 뇌는 순두부 같아서 함부로 흔들면 큰일 나." 몹시 얇은 유리그릇을 옮기는 것처럼 언니는 천천히, 느릿느릿 아기를 안아 올리거나 내려놓곤 했다.

못생기고 새빨갛기만 했던 아기가 단단하게 여물어가는 과정을 나는 바로 옆에서 지켜보았다. 녹은 크림처럼 몰랑대던 팔다리에 어떤 식으로 근육이 붙어 뒤집기를 하고 걷기 시작했는지, 거즈로 살살 문질러 닦아주던 잇몸에 어떤 순서로 이가 돋았는지. 미완성인 아기는 여전히 미완성인 채였지만 성실하게 팔다리가 길어졌다. 노래를 흥얼대고 숫자를 세기 위해 손가락을 펼쳤다.

"조리원에서 집으로 이동하는 건가? 아니면 예방주사 맞추러 가나?" 언니가 앞차에 맞춰 속도를 줄이며 말했다. "요즘은 소아과병원 있는 건물 엘리베이터에서나 아기들을 마주치지 다른 데서는 통 볼 수가 없어. 아기가 너무 귀해." 언니가 천천히, 느릿느릿 앞차를 뒤따랐다. 주위 차들도 비슷하게 움직이는 듯했다. 다정하고도 한없이 당연한 모두의 태도였다.

한밤의 산책

한밤 집으로 돌아오는 길에 눈길을 걷는 커다란 개와 마주쳤다. 물론 주인과 함께인 개였는데 연일 몰아치는 강추위에 단단히 준비한 듯 견주의 몸이 온갖 겨울용품으로 꽁꽁 싸여 있었다. 눈만 내놓은 상태의 그는 나를 발견하자 리드줄을 손에 여러 번 감았다. 줄이 짧아지면서 개가 견주의 몸에 바짝 붙었다. 그는 일단 멈춰 선 뒤 화단 쪽으로 개를 밀어 넣다시피 했다. 멀리서부터 개를 보면서 작은 기대감에 설레고 있던 나는—두툼한 앞발이나 커다란 코가 내게 툭 닿기를, 가능하다면 개의 목덜미나 등 언저리를 한번 쓰다듬어 볼 수 있기를 바랐던—아쉬운 마음으로 그들을 지나쳤다. 뒤를 돌아보니 개는 눈 쌓인 화단에 숫제 온몸을 내던진 상태였다. 납작 엎드려 눈밭을 기다가 벌렁 드러눕는 바람에 사방으로 눈이 튀었다.

그 모습이 몹시 즐거워 보여 나는 눈 쌓인 나뭇가지를 툭툭 치며 걸었다.

생각해보면 대형견과 마주칠 때 견주의 반응은 대개 비슷했다. 손보다는 허리에 리드줄을 단단히 묶은 견주들이 많았고 인도를 걸을 때엔 자신의 다리 바로 옆에 개를 두었다. 어느 여름이었던가. 더위를 피해 점점 늦은 시간에 산책을 나서던 나는 우리 동네 개 산책의 미묘한 룰을 깨달았다. 자정에 가까운 시간이 될수록 산책하는 개들의 덩치가 커졌던 것이다. 도심 속 대형견들은 사람들이 잘 다니지 않는 시간에, 사람들이 선호하지 않는 길을 골라 산책하곤 했다.

개를 키우는 나는 그들이 선택한 리드줄이 얼마나 비싸고 튼튼한 것인지 종종 알아본다. 45도 각도로 느슨하게 내려간 꼬리가 주눅 들거나 화난 것이 아니라 몹시 편안한 상태임을 나타내는 시그널이라는 것도 안다. 하지만 그것은 나라는 개인의 경우에 한할 뿐 누군가에게는 두렵고 누군가에게는 불편하고 괴로운 마주침일 것이다. 한밤의 산책은 대형견주들이 찾아낸 나름의 대안에 가깝다. 더 깊은 밤, 더 어두운 길을 선택하고 더 여러 줄로 개를 묶고 멀리서 사람이 나타나면 온몸으로 개 앞을 가로막고 서는 모든 선택들이 공존을 위한 노력이다. 소형견이라고 해서 사정은 크게 다르지 않다. 아파트와 주택, 도로와 사람과 차들로 빽빽한 도심에서 개와 함께 살기란 정말이지 쉽지가 않다.

노력이 항상 좋은 결과에 이르는 것도 아니다. 개를 완전히 통제하는 건 불가능하고 보호자로서의 각오에는 객관적 인식과 책임감이 필요하며, 타인을 배려하는 데에는 한계가 있다. 반려동물이라는 단어가 우리 생활에 자리 잡은 시간이 길지 않은 것처럼 공존하는 삶에 대한 모색 역시 너무 짧은 시간 이루어졌을 뿐이다. 정답에 가까운 것이 무엇인지 고민하는 단계에선 여러 시행착오가 있을 수밖에 없다. 하지만 나는 여전히, 견주들에게 더 큰 책임과 실질적인 노력이 필요하다고 생각한다. 적어도 그들은 개와 함께하는 번거롭고 시끄럽지만 끝내주게 행복한 삶을, 스스로 '선택'했기 때문이다. 걸음을 멈추고 개를 가로막아 사람의 안전이 우선임을 보여주는 견주들에게 나는 항상 고마움을 느낀다. 그러고는 나 역시 작고 사나운 나의 개를 튼튼한 줄에 묶어 몇 번이고 확인해보는 것이다. 우리 모두의 안전을 위해.

더 나쁜 쪽으로만 흐르던 110분

주말의 공연장은 질서정연하게 어지러웠다. 1, 2층 합쳐 600석 규모의 작은 공연장이다 보니 매표소와 화장실 앞에 선 줄이 구불구불 어지럽게 뻗어나갔다. 사람들은 적당히 서로에게 거리를 두고, 그러면서도 방향을 잃지 않으려 노력 중이었다. 이벤트용으로 설치된 인생네컷 사진관과 기념품 숍 앞에는 오히려 사람이 적었다. 공연 시작이 코앞이었고, 기념품들이 일찌감치 완판된 탓이었다.

나는 적당히 설레는 기분으로 티켓을 들여다보았다. 맛있는 것을 먹고 기대되는 배우의 공연을 보는 여유로운 저녁, 창작뮤지컬 특유의 낯설면서도 인상적인 노래가 자연스레 내 입에 옮겨 붙는 순간의 즐거움. 인터미션이 없는 110분짜리 짧은 공연이 내게는 열 배쯤 되는 시간만큼의 꽉 찬 행복을 선사해주고 있었다. 어떻게 찾아냈을까 싶게 역할에 적격인 배우들이 커튼콜을 받을 때까지 나는 내내 즐거웠다. 문제는 그다음이었다. 흡족한 마음으로 공연장을 나서려는데 옆 사람이 도무지 일어날 생각을 하지 않았다. 그는 자리에 앉은 채 상체를 완전히 뒤로 돌려 뒷사람과 말싸움을 하기 시작했다.

안 그래도 공연 시작 전부터 신경이 쓰이기는 했다. 내 일행 옆자리에 앉은 사람이 유난히 몸을 앞으로 내밀고 있었던 것이다. 수차례 반복된 직원의 안내—뒤 열의 시야에 방해되지 않도록 등받이에 등을 꼭 붙이고 앉아주십시오. 몸을 앞으로 숙이거나 옆 사람에게 기대시면 다른 관객의 관람을 방해할 수 있습니다—가 그에게는 전혀 입력되지 않은 듯했다. 암전이 된 뒤 나는 무대에만 집중했지만 아무래도 그는 그 자세 그대로 공연을 끝까지 관람한 모양이었다. "몸을 그렇게 내밀고 계시면 어떡해요? 뒤에서 하나도 안 보이잖아요." 뒷사람의 항의에 그가 손가락을 내밀어 이미 통로로 나가고 있는 다른 관객을 가리키며 말했다. "내 옆 사람은 나보다 더 튀어 나가 있던데요?" 어처구니없어하는 뒷사람에게 이번에는 그가 쏘아붙였다. "그쪽이야말로 뒤에서 계속 의자 발로 차셨잖아요?"

일행과 나는 반대편으로 빙 돌아 통로로 나갔다. 두 사람은 계속 싸우는 중이었는데 어떤 내용인지 하나도 궁금하지 않았다. 옆 사람이 하는 일탈과 무례를 핑계 삼아 자기 잘못을 합리화하는 비겁함도, 줄기차게 의자를 걷어차 다른 관객에게까지 피해를 주는 이기심도 답답하게만 느껴졌다. 저 사람들도 즐겁고 설레는 마음으로 티켓을 예매하고 객석을 헤아렸을 텐데. 은근하고 집요한 싸움이 이어지는 110분 동안 그들의 머릿속에는 무대도 노래도 아무것도 남지 않았을 것이다. 더 나쁜 쪽으로, 누구도 얻을 게 없는 쪽으로만 나아가는 싸움에 무슨 의미가 있을까.

장면을 곱씹으며 프로그램북을 뒤적이고, 배우들의 차기작을 찾아볼 소중한 시간을 창백한 객석에서 서로를 비난하는 데 낭비하고 있는 두 사람을 떠올리니 마음이 차가워졌다. "이게 다 얼마나 좋았는지 저 사람들은 영영 모르겠지." 나는 그들의 얼굴을 잊기 위해 13번째 넘버를 흥얼거렸다. 14번, 혹은 15번일지도 몰랐지만 아무려나 상관없이 그저 좋았다.

김밥 오십 줄

이십 대 시절의 나는 항상 바빴다. 세상의 규격에 맞춰 나를 깎아내면서도 꿈을 지키려면 마음의 둑을 단단히 세워야 했다. 아니, 솔직히 말하자면 그런 거창한 이유가 아니었다. 나는 항상 돈을 버느라 바빴다. 꿈을 지키려면 어떤 식으로든 돈이 필요했으니 말이다.

대학원 등록금을 벌려고 지하상가 옷 가게에서 아르바이트를 시작했을 때였다. 출구만 스무 개가 훌쩍 넘는 대규모 상가에는 옷 가게와 소품 가게 등이 빼곡했다. 어느 가게든 직원을 구하고 있었고 어느 가게든 여러 소문이 돌았다. 내가 일하던 곳 사장은 늘 어딘가의 소문을 물어 와 우리에게 알려주었다. 어느 날은 옷 가게를 일곱 개나 운영 중인 조 사장 이야기가 화두였다. "조 사장이 점심때만 되면 김밥을 오십 줄씩 사다 나르거든." 그는 가게 안쪽 창고 테이블마다 김밥을 일곱 줄씩 쌓아둔다고 했다. 직원들의 점심 겸 저녁용으로, 번갈아 창고로 들어가 15분 동안 김밥 한 줄을 먹는 게 직원 휴식 시간의 전부라는 것이었다.

"지금 날이 이렇게 덥잖아? 그 좁고 더운 데 온종일 뒀으니 김밥이 다 쉬어터진 거지. 어제 직원 하나가 그걸 들고 나와서는 조 사장 얼굴에 냅다 던졌대. 이딴 거 너나 먹으라고 난리를 쳐대고, 아휴." 조 사장이 김밥을 준 지 5년이 넘었다고, 그간 알바든 직원이든 항의가 들어온 건 어제가 처음이라고 했다. "바보들이지 뭐야. 거기 직원이 얼마나 많은데 절반만 모여서 제대로 따졌어도 진작 달라졌을걸." 그래서 어떻게 됐대요? 같이 일하는 혜지가 묻자 사장이 씩 웃었다. "오늘도 사 가더라, 김밥 오십 줄."

혜지는 뭔가를 골똘히 생각하는 눈치였다. 손님이 뜸한 오후 2시경이 우리 점심시간이었다. 김밥은 아니었지만 우리의 점심 메뉴도 제육볶음과 순두부찌개로 늘 똑같았다. 사장은 꼭 2인분만 주문한 뒤 공깃밥 하나를 추가해 셋이 먹도록 했다. "내가 가게 볼 테니 둘이 먼저 먹고 나와." 반찬이 모자랐으므로 혜지와 나는 사장 몫을 남기기 위해 삼분의 일쯤은 맨밥을 먹어야 했다. 그날따라 혜지는 제육볶음을 빠르게 먹어치웠다. "언니, 오늘부터 이거 우리가 다 먹어버려요." "사장님 건?" 내가 묻자 혜지가 순두부찌개를 밥그릇에 덜어 썩썩 비비며 답했다. "아까 말하는 거 못 들었어요? 바보들이라잖아요." 우리는 땀을 흘리며 맵고 짠 것들을 바닥까지 비웠다.

이걸 다 먹으면 어떡해? 사장의 말에 혜지는 천연덕스럽게 답했다. "그 가게 양이 줄었나 봐요. 이제 3인분 시켜야 할 것 같아요." 사장은 다음 날도, 또 다음 날도 2인분을 주문했다. 사장이 먼저 밥을 먹는 날엔 한 명이 따라 들어가 어떻게든 반찬을 전부 먹어치웠다. "여자애들이 웬 식탐이 이렇게 많아." 결국 사장은 언짢은 기색으로 오징어볶음이나 된장찌개를 추가하게 되었다. 비로소 3인분을 주문하게 되자 혜지는 말했다. "사장님, 저 오늘은 계란말이 시켜도 돼요?"

계란말이를 케첩 종지에 찍어 입으로 넣던 혜지의

의기양양한 얼굴이 떠올랐다. 혜지는 어떤 사람이 되었을까. 어디서 무얼 하든 쉬어빠진 김밥이나 맨밥을 참고 먹는 사람만은 되지 않았을 거란 확신이 들었다.

다만 안전한 일상

장마가 코앞으로 다가드니 하늘 색이 눈에 띄게 변했
다. 안 그래도 비가 잦아 파란 하늘을 보기 어려웠는
데 이제는 희뿌연 하늘이 무겁게 가라앉아 있다. 며
칠 전에는 비바람이 혹독하게 몰아쳤다. 한낮인데도
사위가 완전히 어두워진 창밖을, 흠뻑 젖은 거리를
나는 오래 내려다보았다. 맞은편 건물 옥상에 떨어진
빗방울들이 사납게 튀어 올랐다. 까치 두 마리가 환
풍기 아래 머리를 박고 앉아 비를 맞고 있었다. 저기
보다 나은 곳이 있을 텐데. 나는 빗줄기가 새의 몸통
을 후려칠 때마다, 서로를 밀어붙이듯 꽉 붙어 있는
자그마한 몸이 바람에 주저앉을 때마다 생각했다. 비
를 피할 좀 더 좋은 곳이 있을 텐데 왜 저기서 저러고
있을까. 예를 들면……. 나는 애꿎은 창문만 뽀득뽀
득 문질렀다.

아무리 생각해봐도 새들이 몸을 피할 만한 곳은 떠오르지 않았다. 고층 건물로 꽉 채워진 도심 한복판, 거침없이 뻗어나간 도로가 더 큰 도로와 맞물릴 뿐인 이곳에서 새들이 어디로 갈 수 있을까. 도로변 가로수조차 유난한 전지 작업으로 가지가 잘려나가 앙상하고 빈약했다. 그러니 새들은 맨몸으로 비를 맞는 것 외에 도무지 방법이 없어 보였다.

비 맞는 일에 사람이라고 다를 게 있을까. 나는 지난해 여름 조카가 찍었던 사진을 기억한다. 이례적인 강수량 때문에 지형이 낮은 지역들의 피해가 선연히 예측되던 시기였다. 조카는 학교가 끝난 뒤 학원에 가기 위해 밖으로 나선 참이라고 했다. 길이 완전히 물에 잠겼다며, 허벅지께까지 차오른 흙탕물을 찍은 사진에 나는 그야말로 식겁했다. 침수로 인한 감전과 뚜껑 열린 맨홀 등등 수많은 사건 사고들이 떠올랐기 때문이다. "얼른 피해야지 왜 거기서 사진을 찍고 있어!" 단톡방에 올라온 사진을 보자마자 나는 화를 내며 말했다. 조카의 사진을 보냈던 언니가 대답했다. "비 온다고 쉴 수 있음 나도 좋겠다."

프리랜서인 나와 달리 내 가족들은 전부 출근과

등교, 외근과 외출을 감행해야 했다. 고3인 조카는 모의고사를 앞둔 상태에서 학원의 총정리 강의를 듣기 위해 물에 잠긴 길을 가로질렀다. 가족 중 일부가 침수된 도로와 지하차도를 피해 내비게이션을 거듭 재설정해 가며 차를 몰고 출근했다. 또 다른 가족과 친구는 운행이 중단된 지하철역 구간을 살펴 버스 노선을 검색해 사무실로 향했다. 지금 이곳에서 바로 오늘을 살아야 하는 사람들에게 '안전하게 피해 있으라'는 건 불가능에 가깝다. 안전해야 하는 건 우리의 일상 그 자체다. 지난해 여름은 어느 곳도 안전하지 못했고 많은 사람이 일상을 잃었다. 폭우와 폭염, 태풍과 해충 피해 예방을 위한 정책들을 찾아보며 거듭 생각한다. 안전한 일상 속에 살고 싶다는 당연한 욕망에 대해서 말이다.

그런데 새들은 어떻게 되나. 인간의 욕망은 나아갈 방향이 비교적 분명한 데 비해, 어디에 발붙일 곳 없이 맨몸으로 비를 맞고 있는 저 새들은. 우리와 똑같이 일상을 살고 싶을 뿐인데 끝의 끝까지 밀려나 흠뻑 젖고 멍든 새들은 또 어디를 향해 가야 하나. 지상으로 빼곡히 드리운 검은 빗발 사이로 작고 여린 몸들이 떨고 있다. 결국 장마다.

우리를 살게 하는 마음

아끼는 마음과 달리 자주 만나지 못하는 친구 H가 있다. H는 워낙 긍정적이고 다정한 성격이라 좀처럼 나쁜 소리를 하는 법이 없었다. 그래서인지 사고 소식을 내게 전할 때에도 별일이지, 하며 여러 번 웃었다.

"전철역 계단을 내려가는데 내 뒤에 오던 사람이 넘어졌나 봐. 뭐가 나를 턱 쳤던 것 같은데 그다음 기억이 없어." 병원에서 깨어난 H가 알게 된 상황은 이랬다. 계단에서 균형을 잃은 노인이 넘어지면서 바로 앞에 있던 H를 온몸으로 밀쳤고, H 앞의 젊은 남자가 같이 떠밀리면서 세 명이 우르르 바닥으로 추락했다는 것이다. 고꾸라지듯 넘어진 남자는 얼굴이 부서졌고, 무방비한 상태로 떨어진 H는 골반과 사지가 조각났다. "내가 쿠션이 돼서 그런가 노인은 찰과상이 전부래. 금방 퇴원했다더라고." H가 자꾸 웃어서 나는 H가 머리까지 다친 게 아닌가 의심했다. 그러니까 나는 그 말을, 3년 내내 수술을 거듭하며 재활 훈련을 받은 끝에 겨우 일상생활이 가능해진 H에게 듣고 있었다.

"사고는 기억 자체가 없으니까 모르겠고, 정말 생생해서 괴로웠던 건 말이야." H가 성형을 거듭해 수술 자국이 제법 흐려진 팔뚝 안쪽을 쓸며 말했다. "두 다리, 두 팔이 모두 부서졌으니까 꼼짝할 수가 없잖아. 병원에서 치료받는 동안 나는 정말 눈만 뜨고 있었거든. 간병인을 두 명이나 써야 했는데, 간병이라는 게 그런 거잖아. 먹이고 씻기고 배출한 걸 닦아내는. 간병인이 기저귀를 갈아줄 때마다 마음이 너무, 힘든 거야." H는 말하는 내내 자신의 몸 이곳저곳을 가볍게 더듬거나 흉터 자국을 만지작거렸다. 자신의 몸이 틀림없이 그곳에 있는지, 감각이 살아 있는지 확인하려는 사람처럼 말이다.

"사고 이후가 나한테는 너무 길더라. 사고가 났네, 하고 끝나는 게 아니라 그걸 해결하는 데, 몸을 회복시키는 데 진짜 너무 긴 시간과 노력과 돈이 드는 거야. 근데 억울한 건 아무리 애를 써도 원점으로 되돌릴 수는 없다는 거지." 애면글면 지내왔을 H의 시간을 나는 짐작조차 할 수 없었다. 잔뜩 움츠러든 나를 보며 H가 피로한 얼굴로 웃었다.

"나도 나지만 그 사람이 정말 큰일이었어." 함께 사고를 당한 젊은 남자 얘기였다. 얼굴을 크게 다친 남자는 복잡한 수술 때문에 예정되어 있던 면접은커녕 취업 준비 자체가 불가능했다고, 형편이 넉넉지 않아 치료비 마련에 상당히 애를 먹었다고 했다. 사고를 일으킨 노인이 기초생활수급자라 두 사람에게 아무런 배상도 하지 않았다는 얘기에 나는 기함을 했다. "그러니까 조심해서 다녀. 특히 계단을 조심해."

H와 헤어진 뒤 나는 수많은 계단을 조심조심 걸었다. 뒤를 자주 돌아보았고, 계단에서 스마트폰 들여다보는 사람을 사나운 얼굴로 노려보았다. 대부분의 사건 사고를 뉴스로 접한 탓에 나는 회복의 과정에 대해 생각해본 적이 별로 없었다. 그런 지난한 시간을 보내고도 여전히 다정할 수 있는 H는 대체 어떤 사람일까.

H는 앉아 있는 동안 몸이 뻐근한지 조심스레 스트레칭을 하면서도 나의 안부를 물었다. 오래 보지 못해 걱정했다고, 잘 지내는 것 같아 다행이라고, 아픈 곳이 없다니 그거야말로 좋은 일이라고 말했다. 그러다가도 문득 표정을 굳히고는 얼굴에 제법 큰 흉과 후유증이 남았을 남자를 걱정했다. "수술을 여러 번 했다고 취업에 문제가 생기진 않겠지?" 나는 괜찮을 거라고 답했다. 너도 그 남자도 모두 괜찮을 거라고. 노인을 원망하고 현실에 분노하기보다 남자의 내일을 걱정하는 너는 정말 강한 사람이라고, 그토록 큰 사고를 겪고도 마음이 부서지지 않는 너는 이전보다 훨씬 단단하게 회복될 것이라고 말이다.

안부를 묻는 마음

늦은 밤까지 눈이 내리던 날이었다. 폭설주의보에 걸맞게 쏟아지는 눈의 무게와 속도감이 남달랐다. 바람이 적어 눈은 조금도 흩어지지 않고 떨어진 자리에 고스란히 쌓였다. 사람들 어깨 위로 눈이 수북해 누가 얼마나 오래 눈 속에 있었는지 금세 알아챌 수 있을 정도였다. 나는 마을버스 안에서 얼어붙은 도로 위로 떨어지는 눈송이들을 바라보고 있었다. 너무 무거운 눈송이들은 터벅터벅 발소리를 내며 쌓인다는 사실을 알게 된 날이었다.

버스가 재래시장 앞에 멈춰 섰을 때였다. 온몸이 눈투성이인 중년 남자가 버스에 오르자마자 소리를 지르기 시작했다. 왜 배차 간격을 지키지 않느냐는 것이었다. 남자는 운전석 옆에 버티고 서서 몸에 붙은 눈들을 거칠게 털었다. 중간에 버스 한 대가 고장으로 멈추는 바람에 늦어졌다는 버스기사의 대답을 무시한 채 남자는 줄곧 거친 말들을 토해냈다. 남자는 차가 너무 흔들려 멀미가 난다고, 히터 온도가 너무 높다고, 신호가 떨어졌는데 왜 더 빨리 출발하지 않느냐고 트집을 잡았다. 운전석 바로 뒤에 앉아 있던 나는 불안한 마음으로 룸미러를 훔쳐보았다. 버스기사가 점점 사납게 차를 몰기 시작한 탓이었다.

전조등이 거리를 훑을 때마다 도로 위 얼음막이 위험하게 반짝였다. 바퀴가 헛돌거나 미끄러지는 차들이 심심치 않게 보이는데도 두 사람은 멈출 기색이 없었다. 그러니 어쩌겠는가. 나는 허리를 곧게 편 뒤 앞에 설치된 바를 양손으로 꽉 잡았다. 버스 안의 다른 사람들도 비슷한 사정이었을 것이다. 남자는 숫제 발까지 굴러대며 화를 내더니 종점까지 서너 정류장 남았을까 싶던 차에 불쑥 앞문으로 하차해버렸다. 버스기사가 남자의 뒷모습을 기가 막힌 얼굴로 바라보았다.

버스 안은 고요해졌다. 귀를 기울이면 버스 위로 툭툭, 눈이 나동그라지는 소리가 들릴 것만 같았다.

버스기사가 이어폰을 만지더니 그래, 나야, 하고 말했다. 누군가 전화를 걸어온 모양이었다. 그는 잠자코 이야기를 듣다 불쑥 이렇게 물었다. "너는 별일 없고?" 하차벨이 울리자 뒤를 힐끔 바라본 기사가 말을 이었다. "눈이 아주 많이 오잖냐, 이런 날은 곤란한 일들이 자꾸 생긴단 말이지. 너는 괜찮지? 별일 없지?" 상대가 뭐라고 말했는지 버스기사가 낮게 웃었다.

"그래, 괜찮음 됐다. 다 좋다."

종점에 다다라 나는 자리에서 일어섰다. 감사합니다. 그렇게 말했으나 작은 목소리였으므로 운전석까지 가닿았는지는 알 수 없었다. 인도에 쌓인 눈은 사람들 발자국 모양대로 다져져 반질반질하고 미끄러웠다. 넓적하게 뭉개진 눈 자국이 몇 개 눈에 띄었다. 넘어지면서 손으로 짚었는지 뭉개진 자국 옆에 손가락 모양이 선명했다. 누군가 옆에서 괜찮냐고 물어주었을까. 몸을 부축해 일으켜주었을까. 주변에 부산하게 찍힌 발자국들을 가늠하며 나는 버스기사의 목소리를 떠올렸다. 상대방에게 자꾸만 안부를 묻던 목소리와 축 처진 입매 같은 것을. 그제야 내 마음을 쿡쿡

찔러대던 것이 무엇이었는지 나는 깨달았다. 말갛게 얼어붙은 죄책감을 손에 쥐고 나는 뒤늦게 내가 해야 했던 말을 입 밖으로 내뱉었다. 아저씨, 괜찮으세요?

허리가 꼿꼿하니

엄마의 정기검진일마다 나는 꽤 예민해졌다. 엄마의 수술 후 경과도 좋고 1년 주기로 이루어지는 검진인 데다, 매번 괜찮은 결과지를 받는데도 그랬다. 마음 한편에 눅진하게 들러붙은 불안 때문이었다. 그날도 나는 샐쭉한 얼굴로 병원 대기실에 앉아 있었다. 진료 예약이 오전 11시였는데 정오가 다 되도록 엄마는 진료를 받지 못했다. 전광판 아래쪽에 '진료 시간 20분 지연' 알림 문구가 떴다. 눈을 돌릴 때마다 숫자는 조금씩 늘어나 30분, 40분 지연으로 바뀌었다.

이럴 거면 예약을 왜 받는담. 데스크로 가 따져 물을 심산으로 자리에서 일어나자 엄마가 얼른 나를 잡았다. 가만 둬. 엄마는 진료실 문을, 그 너머에 있는 누군가를 바라보듯 아득해진 눈으로 살피더니 내게 말했다. "가만 뒤라, 가만 뒤. 병원에서 오래 진료받을 일이 뭐가 있겠니." 엄마가 작은 한숨처럼 말을 흘렸다. "아주 많이 안 좋은 거지, 그게 어디든."

몇 년 전 엄마와 함께 대학병원 진료실에 앉아 있던 날의 기억이 떠올랐다. "심장판막이 제 기능을 하지 못해 피가 새어 나가고 있어요. 어려운 수술은 아닙니다. 몸 상태가 좋으시니 많이 힘들진 않을 거예요." 의사는 엄마에게 연신 고개를 끄덕여가며 설명했다. 우리는 수술 날짜가 잡힐 때까지 뭘 조심해야 하는지, 수술은 어떻게 진행되는지, 엄마에게 어떤 징후가 나타나면 응급실로 달려가야 하는지 묻고 또 물었다. 수술을 받으려면 몇 달이나 기다려야 했다. 그사이에 상태가 급격히 나빠지면? 피가 새어 나온다니 세상에. 우리는 각자의 방식으로 경악한 채 서로를 챙길 새도 없이 진료실을 나왔다. 문 앞에 앉거나 서 있던 대기자들의 시선이 우리에게 와르르 몰렸음에도 신경 쓸 겨를이 없었다. 아마 우리의 뒤로도 '진료 시간 43분 지연' 같은 것이 전광판에 찍혔을 것이다.

진료실 문이 열렸다. 처음 나온 사람은 머리를 뒤

로 질끈 묶은 중년 여성이었다. 여성은 빠른 걸음으로 쑥쑥 나아가더니 순식간에 사라졌다. 그 뒤로 몸을 꼭 붙인 두 사람이 나왔다. 어깨를 옹송그린 작은 체구의 노인과 그를 부축하고 있는 젊은 여성이었다. 마스크를 쓰고 있어 그들의 표정은 잘 보이지 않았으나 젊은 여성의 통통 부은 눈이, 아직도 눈물이 질금질금 배어 나오는 눈이 모든 걸 설명하는 듯했다. 여성은 대기 의자에 노인을 앉힌 뒤 나란히 앉아 몸을 수그렸다. 이마가 무릎에 닿도록 상체를 깊이 숙여 노인만큼 작고 동그래졌다.

잘됐음 좋겠다. 나는 입속말을 중얼거렸다. 수술이든 치료든 다 잘되셨으면. 복도 가득 늘어서 있던 대기자들도 비슷한 마음인 듯했다. 그러니 앞서 나간 중년 여성이 휠체어를 밀고 들어왔을 때 서둘러 주변을 비워주고 아래로 툭 떨어진 노인의 모자를 주워잘 털어 건네고 휠체어 바퀴에 발을 밟혀도 불평하지 않고 간호사에게 아무것도 따지지 않은 채, 다들 조용조용 그들을 지켜보았을 것이다.

이후의 진료는 빠르게 진행됐다. 엄마는 지연 시간 알림 숫자가 조금씩 줄어드는 걸 바라보다 문득 내게 말했다. "그래도 허리가 꼿꼿하시더라." "응?" "노인분이라 다리가 약해서 그렇지 앉아 있는데 허리가 아주 꼿꼿하시더라고. 그럼 괜찮지." 엄마는 의사가 우리에게 그랬던 것처럼 연신 고개를 끄덕여가며 말했다.

"그럼 다 괜찮지, 괜찮고말고."

고단한 걸음을 다만
가까이에서

언니는 늦은 저녁 내게 전화해 "아무래도 너 때문인
것 같아"라고 말했다. 뭐가? 내가 묻자 언니는 대뜸
한숨부터 쉬었다. 전화 통화인데도 지끈거리는 관자
놀이 근처를 검지로 꾹 누르고 있는 언니의 구겨진
얼굴이 눈에 보이는 것만 같았다. 이후 언니가 한 이
야기는 내가 들어도 내 탓 같았다. 그러니까 조카가
고3이 된 지금 갑자기 진로를 바꾸겠다고 한 이유가
말이다.

애초에 조카의 희망 진로는 간호학과였다. 이것은
다름 아닌 코로나 때문이었는데, 보호자 출입조차
제한된 병원에서 혼자 맹장 수술을 받아야 했던 어
린 조카는 자신을 성심성의껏 돌봐준 간호사들에게
깊이 감화된 상태였다. 그동안 조카는 간호학과 진학

136

을 위한 단계를 착착 밟아나가고 있었다고 했다. "그런데 갑자기 작가가 되겠다지 뭐야." 설명하는 동안 점점 건조해진 언니 목소리가 기침을 삼키듯 가팔라졌다. "문예창작과에 가겠대. 그러면 생기부 전형은 완전히 포기해야 하는데도." 뭔가를 포기해야 한다는 건 큰일이었다. 그게 입시전형 중 하나라면 더더욱 그랬다.

조카는 내 집에 놀러와 "문을 열고 들어오면 제일 먼저 책장이 보여서 좋아요"라고 말하던 아이였다. 조카에겐 내 삶이 너무 느긋해 보였던 걸까. "네가 애랑 얘길 좀 해봐." 언니가 말했다. 아무래도 글 쓰는 일이 얼마나 고되고 험난한지 있는 대로 겁을 줘 간호학과 지망생으로 돌려놓는 게 내 역할인 듯했다. 어려울 것도 없었다. 그게 사실이니까. 글 쓰는 삶을 선택한 뒤 내가 느꼈던 고립감과 고독감, 경제적 어려움과 열패감은 지어낼 필요도 없었다. 조카는 아직 모를 것이었다. 빼곡히 꽂혀 있는 저 책들에 내가 어떤 압박감을 느끼는지.

언니가 조카를 데리고 집에 왔을 때 나는 사뭇 긴장한 상태였다. "이유가 뭐야?" 내가 묻자 조카는 망설이는 기색도 없이 답했다. "제가 좋아하는 게 뭔지 진짜 열심히 생각해봤더니 답이 이거였어요." "창작이 얼마나 힘든 일인지 알아?" 나는 헛기침을 했다. 이 순간을 위해 나는 권위적인 목소리를 연습했고, 시행착오와 실패를 수없이 경험한 사람 특유의 고집스럽고 피로한 표정을 거울 앞에서 여러 번 지어봤다. 그런데 내가 말을 꺼내기도 전에 조카가 말했다. "알아요. 엄청 힘들 거예요. 그런데 저는, 이거라면 힘들게 준비하는 과정까지도 전부 행복할 수 있을 것 같아요."

조카가 막연히 미래의 행복에 대해 말했다면 내겐 얼마든지 반박할 말이 있었다. 그런데 미래에 가닿기 위해 자신이 감내해야 할 고난까지 모두 포함한 행복이라니. 나는 새삼 골격이 단단해진 조카의 얼굴을 들여다보았다. 고난을 각오할 줄 아는 나이라면 이제 정말 다 큰 것 아닐까.

나는 준비한 말들을 전부 지워버리고 서재로 들어가 조카에게 도움이 될 만한 책들을 이것저것 골랐다. 몇 권의 책과 함께 덕담을 건네는 일. 그것이 내가 조카에게 해줄 수 있는 일의 전부였다. 어쩌면 어른의 역할은 거기까지인지 몰랐다. 아이의 결정을 존중하고 그의 고단한 걸음을 다만 가까이에서 지켜봐주는 것 말이다. 언니가 절레절레 머리를 흔들었다. 그러나 그뿐이었다.

빙글빙글 도는 사람들

"경기도 쪽에 밭을 좀 알아보려고." S는 산미가 거의 없는 뜨거운 커피를 마시다 불쑥 밭 이야기를 꺼냈다. 알아보니까 시에서 주말농장 분양해주는 것도 있더라. 그걸 신청해서 뭐 하게? 뭐 하긴, 농사짓지. 감자도 심고 상추도 심고. 전형적인 도시 생활자의 느긋한 생각에 좀 웃음이 났다. 흙을 만져본 적은 있어? 말이 주말농장이지 할 일이 얼마나 많은데. 농사는 취미나 힐링이 아니라 완전한 노동이라고. 뭣보다 너, 허리디스크 환자가 무슨 밭일을 한다고 그래?

내 말을 듣는 둥 마는 둥 S는 자신의 말을 이어갔다. 부모님이랑 동생네랑 다 같이 주말농장을 하면 마주칠 일도 많아지잖아. 각자 시간 날 때 밭에 가다 일정이 겹치면 같이 김도 매고, 농장 바비큐장에서 고기도 구워 먹고. 우리 부모님도 자식들이랑 손주 얼굴 자주 볼 수 있으니 좋으실 거야. 그러고는 이렇게 말했다. "사실 우리 아빠가 말이야." 이때부터 본격적인 이야기가 시작된다는 걸 나는 알았다. 어깨를 으쓱하는 가벼운 제스처와 함께 활달한 리듬감을 가진 문장들은 대체로 포석이었다. S가 양손으로 머리를 쓸어 넘기는 순간, 목소리가 낮아지며 잠시 허공을 보는 때부터가 진짜 이야기였다.

"우리 아빠가 매일 지하철을 타신다는 거야. 하루 종일, 아무 갈 곳이 없는데도." S가 얼른 말을 정정했다. "아니, 갈 곳도 없고 할 일도 없어서 온종일 지하철을 타고 뱅글뱅글 도신대. 1호선을 타고 쭉 올라가 2호선으로 갈아타고(그건 순환선이잖아?) 한 바퀴 크게 돌아 집에 갈 때까지 그냥 멍하니 앉아 계신다더라고." 나는 말을 아꼈다. 왜소한 체구의 어르신이 노약자석에 우두커니 앉아 있는 모습이 손쉽게 떠오른 탓이었다. 이동하는 내내 역 이름이 나오는 전광판을 한 번도 쳐다보지 않는, 서두르는 기색이라곤 조금도 없는 무표정한 얼굴이 그야말로 손쉽게.

"주말농장을 분양받으면 소일거리가 생기잖아. 갈

곳도 있고. 그럼 적어도 길 위를 떠돌진 않으시겠지."
그 말을 들은 후로 나는 지하철에 탈 때마다 노약자
석을 흘금댔다. 고단한 얼굴보다 무표정하고 캄캄한
얼굴에 오래 시선을 두었다. 알루미늄 의자 위에 몸
을 부려두고 목적 없이 실려 다니는 것보다 나은 일
을 좀처럼 떠올릴 수 없어서였다. 공원은 덥거나 춥
다. 의자와 그늘막이 충분히 설치된 공원은 생각보다
적고 카페는 돈이 든다. 키오스크 주문도, 복잡한 이
름의 메뉴도 쉽지 않을 테고 무엇보다 오래 앉아 있
기 어렵다. 동네 노인정에서 심하게 다툼이 생겨 부모
싸움이 자식들 싸움으로 번지는 걸 본 적도 있다.

자식 없는 노인은 누가 편을 들어주나, 내가 말하
자 엄마는 어지간히 사교적인 사람 아니면 노인정은
엄두도 못 낸다고 답했었다. 노인을 위한 스마트폰 수
업에 갔던 엄마가 투덜대며 돌아온 일도 있었다. "노
인이라면 다 똑같은 줄 아나. 스마트폰 전원도 못 켜
는 사람이랑 인터넷뱅킹 배우려는 사람을 한데 몰아
넣으니 진도를 나갈 수가 없지." 도서관에 가기엔 시
력이 좋지 않고 산책을 이어가기엔 체력이 충분치 않
다. 아무리 생각해봐도 노인이 마음 편히 머물 만한
곳은 없었다.

그럼 어쩌지. 미래의 나는 자식도, 돈도, 체력도, 시대에 발 빠르게 적응하는 영민함도 없을 듯한데. 나는 무엇을 하며 하루를 보내고 어디로 가서 쉴 수 있을까. 가능한 것보다 불가능한 것들이 훨씬 많은 길 위에서, 다만 고독한 매일을 어떻게 견뎌야 할까. 내일의 나를 위해 오늘의 내가 뭐라도 해야 할 텐데 그게 무엇인지 알 수 없었다. 내일의 나는 오늘의 노인들과 같은 자리에서, 거뭇한 얼굴을 한 채 빙글빙글 돌고 있을 따름이었다.

목소리가 필요할 때

평일 한낮, 1호선 객실 안은 출퇴근 시간 못지않게 붐 볐다. 나는 제법 묵직한 가방을 들고 서 있었는데, 지 하철이 제동을 걸 때마다 몸이 크게 흔들려 다리며 허리에 힘을 잔뜩 주어야 했다. 어떻게 버텨도 여러 몸들이 동시에 휘청이고 부딪는 걸 피하기 어려웠다. 날이 덥고 유리창으로 드는 해가 진해 으등그러진 얼 굴이 이곳저곳에 있었다.

　"이렇게 큰 걸로 떡하니 자리를 차지하고 말이야." 바로 옆에서 혼잣말이라기엔 너무 큰 목소리가 울렸 다. 이전까지 나는 어느 젊은 여자의 나뭇잎 모양 뜨 개 가방을 바라보고 있었다. 손뜨개인지 모양이 독 특하고 마무리가 꼼꼼했다. 손재주가 좋은 사람이구 나. 그런 생각을 하고 있을 때 혼잣말하던 사람이 여자 쪽으로 얼굴을 불쑥 들이밀었다. "니들은 남들한 테 피해 주는 걸 당연하게 생각하지?" 가방 위에 얹 힌 여자의 손이 움찔했다.

검은색 전동 휠체어에 앉아 있을 뿐 여자는 목적 지를 향해 가는 수많은 승객 중 한 사람에 불과했다. 그럼에도 여자는 고개를 기울여 사과했다. "휠체어는 남한테 피해 주려고 타는 게 아니에요. 그래도 불편 하시다면, 그건 미안합니다." 여자가 말을 맺자 그는 기다렸다는 듯 거친 말들을 쏟아냈다. 단 한 글자도 내 입으로 옮기고 싶지 않은 조잡한 말들이었다.

일상에서 그런 사람을 맞닥뜨린 것은 처음이었다. 타인을 향해 그토록 선명한 혐오를 쏟아내는 사람을, 자신과 다른 모습을 한 이는 욕하거나 조롱해도 된 다고 생각하는 사람을 마주한 것은 말이다. "아저씨 도 언젠가 휠체어를 타실 수 있어요. 우리나라는 후 천적 장애인이 훨씬 많고 노인분들도 이런 걸 타시잖 아요." 여자에게는 처음 있는 일이 아닌지 목소리가 침착했다. 말 그대로 우리는 질병과 사고와 노화에 취 약한 한정된 육체를 가지고 있었다. 내일의 내가 오늘 의 나와 같을 리 없는데 남자는 시종일관 무례했다.

가방을 움켜쥔 여자의 손등 위로 푸르게 핏줄이 섰
다. 아주 작은 손이었다.

모욕은 낚싯바늘처럼 집요하고 끈질겨서 마음에
한번 갈고리가 걸리면 도무지 도망칠 수 없었다. 그런
모욕 속에 여자를 홀로 두고 싶지 않았다. "그런 식으
로 말하지 마세요." 목소리가 너무 작은 것 같아 나
는 남자 쪽으로 몸을 돌린 뒤 한 번 더 말했다. "함부
로 말하지 마세요." 나보다 뚜렷하고 큰 목소리가 공
기를 갈랐다. "나이도 많은 양반이 젊은 사람한테 왜
그러요. 그냥 좀 두소." 남자는 입을 다물었으나 그게
주변 사람들의 항의 때문인지 자신이 내릴 역에 가까
워져서인지는 알 수 없었다. 환승역에 도착하자 그는
하차하려는 사람들 사이에 서서 여자를 노려보았다.
거리낌도 부끄러움도 없는, 다만 노여운 얼굴이었다.
사람들이 조금씩 그를 밀치고 나갔다. "나는 너처럼
안 살 건데!" 남자가 소리쳤다.

"평생 비장애인으로 사세요, 그럼. 꼭 그대로 늙으
세요." 여자가 말했다. 사람들에게 떠밀려 남자는 이
미 승강장으로 나간 뒤였으나 여자는 말을 이었다.
"나는 빈말로라도 남더러 장애인 되란 말은 못하겠

네요. 이렇게 힘들게 말고 건강히 사세요."

　열차가 출발하자 여자는 주변을 향해 고맙다고 말
했다. 나는 내 목소리가 너무 작았던 것이, 조금 더
일찍 말을 꺼내지 못했던 것이 부끄러웠다. 누군가 나
서주지 않을까 떠넘기는 마음으로 주위를 살피며 망
설이지 않았다면 불쾌의 시간은 훨씬 짧아졌을 것이
었다. 더 빨리 용기를 냈어야 했다. 참다못해 말하는
것이 아니라 누군가 상처받기 전에, 목소리가 필요할
때 곧바로 말했어야 했다. 미안해요. 나는 입속말을
웅얼거렸다. 유리창으로 쏟아지는 해가 뜨거워 절로
눈이 감겼다. 나뭇잎 모양 가방의 연둣빛이 새삼스레
밝았다.

외로우면 종말

지금은 제법 큰 조카들이 아직 어릴 때의 일이었다. 언니는 가끔 우리 집에 조카를 맡겼다. 초등학생인 첫째 조카의 학부모 참관일이나 체육대회 때가 되면 유치원생인 둘째 조카가 우리 집으로 오는 식이었다. 나는 조카들이 갓 태어난 순간부터 지금까지 꾸준한 목격자이자 조력자였다. 복숭아씨처럼 쪼글쪼글하던 조카 얼굴이 사과처럼 말개지고, 애벌레마냥 꼼지락대는 것 외엔 할 줄 모르던 손가락이 야무지게 숟가락을 움켜쥐고, 둥근 발바닥에 힘이 붙어 세 걸음 네 걸음을 연이어 걷기까지 나는 그 애들을 계속 지켜봐왔다. 그러니 어떻게 사랑하지 않을 수 있을까. 나는 조카의 성장이 매일매일 견딜 수 없이 궁금했다.

  내가 그림을 그려주거나 클레이를 조물거려 머리

가 큰 토끼 같은 걸 만들어주면 조카는 잠시 관심을 보이다 금세 질렸다. 그럼 나는 조카를 무릎 위에 앉혀놓고 이야기를 들려주곤 했다. 채소를 안 먹고 편식만 하다가 몸이 작아져 쿠키 통에 빠져버린 아이 이야기라든가, 북풍을 몰고 온 세계에 겨울을 뿌리러 다니는 북쪽 마녀 이야기 같은 것들. 조카는 심각한 얼굴로 이야기를 듣다 내게 묻곤 했다. 채소를, 꾹 참고 채소를 먹으면 몸이 더 이상 작아지지 않는 거야?

어느 날이었다. 첫째 조카의 편도염이 심해져 응급실에 가느라 둘째 조카가 다급히 우리 집에 맡겨진 일이 있었다. 한밤중에 잠옷 차림으로 업혀 온 조카는 좀처럼 다시 잠들지 못했다. 조카를 무릎에 앉히고 이야기를 시작했는데, 상황이 그래서였을까. 공룡 알 도둑으로 시작된 이야기가 어째서인지 지구에 운석이 떨어지는 사건으로 이어지고 있었다. "새까맣고 울퉁불퉁한 운석은 아주 오랫동안 혼자 우주를 떠돌고 있었어. 그러다 그만 지구랑 꿍, 하고 부딪혔지." 그렇게 말해놓고 나는 곧장 후회했다. 이야기의 결말은 '공룡들이 모두 죽고 말았습니다', '지구에 종말이 오고 말았습니다'밖에 없었으니까. 그때 졸음이 반쯤 내려앉은 목소리로 조카가 말했다.

"운석이가 아주 많이 외로웠구나." 낮게 타이르는 것 같은 말투는 종종 언니가 쓰던 것이었다. "혼자 노는 건 심심하니까. 운석이는 지구랑 친구하고 싶어서 멀리서 날아온 거야." "지구랑 꿍 부딪혔는데?" "그럼 '미안해' 하면 돼. 꿍 부딪혀서 미안. 그리고 손잡고 같이 놀면 돼."

그렇구나, 하고 나는 조카를 끌어안았다. 말이 안된다거나 우주의 법칙은 그런 게 아냐, 같은 소리는 하지 않았다. 우주적 단위의 외로움이라면 운석이든 사람이든 한 세계를 끝장낼 수도 있겠다는 생각이 들어서였다. 누구와도 소통하지 못하고 아주 오랫동안 오롯이 혼자 떠돌아야 한다면, 그토록 외로운 누군가라면 말이다. 우리 앞으로 운석이 같은 친구를 만나면 꼭 손잡아주자. 꿍 부딪혀도 화내지 말고 같이 놀자. 그럼 종말 같은 건 오지 않을 거야.

고개를 끄덕이던 조카가 꾸벅꾸벅 졸기 시작했다. 꿈에서 조카는 커다란 손을 가진 지구가 되어 날아오는 운석을 안아주고 있을 것 같았다. 외로움을 알아주는 단 한 사람이 되어 세계를 지키고 있겠지. 나는 역시 조카의 다음 날, 또 다음 날이 궁금해졌다.

아주 작은 쉼표

무엇이 될 결심

전철역 앞에 늘어선 카페들 사이에서 나는 그날의 목적을 더듬어보곤 했다. 급히 원고를 써야 한다거나 업무 때문에 노트북에서 시선을 뗄 수 없는 날엔 대형 프랜차이즈 카페를 이용했다. 지인과 수다를 떨고 싶을 땐 커피향이 좋고 디저트류가 다양한 개인 카페를, 어딘가로 서둘러 이동하며 머리끝까지 카페인을 채워야 할 땐 저렴한 가격대의 테이크아웃 전문점을 이용했다. 그날은 작은 책을 여유롭게 읽고 싶은 기분이었다. 나는 조명이 느슨하고 낮에 사람이 적은 카페를 골랐다. 음악을 전혀 틀지 않아 책 읽기 좋은 곳이었다. 무엇보다 무화과 휘낭시에가 맛있었다.

나는 천천히 책장을 넘겼다. 책 속에서는 어느 일요일 아침, 먼 친척에게 맡겨지기 위해 집을 떠나는 소녀의 이야기가 시작되고 있었다. 나는 그 책을 여러 번 읽었고 작가의 신간이 나왔다는 소식에 또 한 번 읽으려던 참이었다. 의자 끄는 소리와 함께 작은 것들이 달각였다. 내 바로 뒤 테이블에 손님이 앉은 모양이었다. 얇은 비닐 구겨지는 소리가 잠시, 낮은 한숨 소리가 번갈아 들렸다. 누군가의 핸드폰에서 진동이 여러 번 울렸고 근데 말이야, 하고 한 사람이 입을 뗐다. 나는 그런 식의 대화에 약했다. 근데 말이야, 하고 운을 떼는 사람은 틀림없이 상대를 혼란스럽게 하니까 말이다. 어떤 혼란이 저 테이블에 들이닥치게 될지 궁금해하며 나는 휘낭시에를 조금씩 베어 먹었다.

"내가 좋은 아빠가 될 수 있을까." 잦은 한숨과 달리 담담한 목소리였다. 나는 이십 대 후반의 연인이 마주 앉아 있을 거라 짐작했는데 뒤이어 들려온 목소리도 남성이었다. "그걸 왜 니가 걱정해?" 나쁜 자식. 반사적으로 욕이 튀어나왔다. 뭔가 나쁜 말이, 누군가에게 책임을 몰고 누군가의 무책임한 행동을 장려하는 말이 뒤따라 나올 것만 같아서였다. 그러나 아니었다. "넌 그냥 아빠 될 결심만 하면 되는 거야. 네가 좋은 아빠인지 아닌지는 나중에 그 애가 판단할 테니까." 긴장이 풀렸는지 가벼운 목소리들이 오고 갔다. "뭐야, 〈헤어질 결심〉이냐? 아빠 될 결심은 다 큐다, 인마."

대학 졸업을 앞뒀던 어느 날이 떠올랐다. 나는 작가가 되고 싶었으나 내내 망설이고만 있었다. 본격적으로 공부하기 위해 대학원에 입학할지 적당한 곳에 취직해 원만한 삶을 꾸려갈지 고민이었다. 작가 되기와 원만한 삶은 어떻게 해도 병립할 수 없을 것 같았다. 내게는 별다른 재능이 없었으나 작가가 되고 싶었고, 마냥 꿈만 좇기엔 맹렬히 나를 뒤쫓을 가난이 두려웠다. 고민 끝에 나는 앞으로 내가 상실하게 될 것들의 목록을 길게 작성하기 시작했다. 주말이 있는 안정된 삶과 월급과 노후 준비 같은 것들이 내가 제일 먼저 잃게 될 것들이었다. 그럼에도, 라고 나는 썼다. 그럼에도, 가난한 잉여인간이 될지라도 나는 작가가 되고 싶다. 그 무모한 마음이 나를 지금에 이르게 했다.

어찌 보면 좋은 무엇, 훌륭한 무엇이 돼야 한다는 압박감이 나를 망설이게 했는지도 모르겠다. 완벽하게 해내고자 애쓰는 마음이 오히려 아무것도 결심할 수 없게 만들었는지도. 이리저리 결괏값을 재보며 지레 포기했던 일들이 떠올라 새삼 아쉬워졌다. 작가되기를 결심했던 그날처럼 무엇이 될 결심, 그것만으로 충분한 순간이 분명 존재했을 테니 말이다.

괜찮다는 그 말

내 반려견은 자그마하고 사납다. 작은 체구에 비해
흥분이 넓어 짖는 소리가 우렁차고 덩치 큰 개들에게
자주 덤빈다. 쉴 새 없이 주위를 경계하고 코와 귀를
찡긋거린다. 자신을 안아드는 건 질색하지만 모르는
척 내버려두면 슬그머니 다가와 내게 몸을 바짝 붙이
고 눕는다. 내가 손을 뻗으면 구운 떡처럼 납작해져
슬슬 피한다. 그러니까 겁이 많다는 얘기다. 작고 겁
이 많기 때문에 내 반려견은 쉽게 짖고 쉽게 도망치
고 쉽게 질색한다.

소리에 예민한 내 반려견은 집 앞에 놓이는 택배
상자 소리나 이웃이 지나가는 발소리에 소스라치곤
한다. 귀와 등털을 빳빳이 세우고 꼬리를 다리 사이
에 숨긴 채 온 집 안을 뛰어다닌다. 숨차게 짖고 발을 구른다. 그럴 때마다 나는 괜찮아, 괜찮아, 라고 말하며 반려견을 다독인다. 반려견 곁에 나란히 앉아 들썩이는 몸을 쓰다듬는다. 할딱거림이 잦아들 때까지, 느른하게 꼬리를 흔들며 자리에 엎드릴 때까지 기다린다. 그러면서 몇 번이고 주문을 외듯 말한다. '괜찮아.' '아무 일도 일어나지 않을 거야.' 반려견에게 건네는 말은 제법 높은 톤으로, 다정하고 끈질기게 이어진다. 집에 들여온 택배 상자를 열어 냄새를 맡게 해주면 개는 다시금 순한 얼굴로 돌아온다. 짖는 걸멈추고 내게 몸을 기대는 반려견에게 '잘했어'라고 말한다. 잘했어. 괜찮아. 가능한 한 동글고 보드라운 말만 골라 건넨다. 휘발되지 않은 말들이 주변 가득 고이면 그제야 뭔가 이상하다는 생각이 들기도 한다.

어째서일까. 이토록 쉽게 쏟아져 나오는 말을, 이렇게 선뜻 배어 나오는 다정함을 왜 내게는 전하기 어려울까. 기다려주는 마음과 다독임이 나를 향하는 일은 또 왜 이렇게 드물까. 소리에 예민한 반려견만큼이나 나도 마음이 예민한데 말이다. 여기저기 큰소리를 치고 몸을 잔뜩 부풀린 채 허세를 부리고 있지만 나는 사실 겁이 많고 쉽게 당황하는 단순한 사람이다. 그런 나를 나는 매일같이 다그치며 살아왔다. 나를 질책하고 비난하는 데 하루를 다 쓰던 시절도 있었다. 책을 읽지 않는다고, 기껏 읽은 책을 똑바로 이해하지 못했다고, 글을 쓰지 않는다고, 형편없는 글을 썼다고 매일같이 나를 욕했다. 무엇을 하든 하지 않든 늘 나를 못마땅해했다. 그러니까 그 시절 내가 한 유일한 일은 나를 미워하는 일이었다.

미워하는 마음은 직선으로만 뻗는다. 일말의 망설임 없이 뻗어나가는 미움은 속도가 붙으면서 광포해진다. 내가 밉고 싫고, 주변 사람들이 원망스럽고, 세계가 더없이 오만하고 불공평해 보이는 시간들을 나는 겪었다. 곡선으로 흐르는 다독임과 위로의 시간을 그때 알았더라면 나는 조금 덜 외로웠을 것이다. 그런 생각들을 나는 겁에 질린 반려견을 쓰다듬으며 한다. 반려동물과 함께하는 삶은 너그러움을 배우는 과정에 가깝다. 반려견에게뿐만 아니라 스스로에게도 너그러워질 시간을 버는 셈이다. 그러니 나는 의아한 마음이 들 때마다 반려견에게 그랬듯, 내 가슴에 한 손을 얹고 가만히 쓰다듬어 보는 것이다. 괜찮아, 전부 다 괜찮아, 너는 잘하고 있어, 라고 스스로를 다독이면서 말이다.

나와 마주한 한낮

볕이 유난히 좋은 한낮이었다. 나는 부산행 KTX에
올라 난감한 기분으로 좌석을 살피고 있었다. 매사
꼼꼼하지 못한 나는 사소하고 성가신 실수들을 자주
했는데, 이번이라고 다르지 않았다. 좋아하는 6호차
순방향에 창가 자리를 예매한 것까지는 좋았다. 문제
는 순방향과 역방향 좌석이 마주하는 4인용 테이블
좌석 중 하나가 내 것이라는 사실이었다. 그러니까
부산까지 가는 두 시간 삼십여 분 동안 나는 낯선 이
와 멀뚱히 마주 보고 있어야 하는 상황이었다. 그것
도 꽤나 가까운 거리에서 말이다.

나는 작게 심호흡한 뒤 자리에 앉았다. 출퇴근 지
하철에서는 정수리만 빼놓고 온몸이 사람 사이에 꽉
끼어 옴짝달싹 못 하는 일이 허다했다. 그에 비하면

쾌적한 환경에서 창밖으로 시선을 돌릴 자유도 있지 않은가. 거기까지 생각했을 때 옆자리에 앳된 여성이 앉았다. 짐칸에 커다란 여행가방을 밀어 넣었는데도 들고 메고 안은 가방이 세 개나 되었다. 맞은편 자리도 부산하게 채워졌다. 삼십 대 중반쯤 된 독일인 부부(노트북에 독일 국기가 붙어 있어 그렇게 생각한 것일 뿐 독일인도, 부부도 아닐지 모른다)가 테이블을 펼치더니 그 위로 노트북과 배터리, 텀블러와 과자 봉지와 수첩 여러 개를 올려놓았다. 그들은 테이블에 몸을 바짝 붙이고 앉아 똑같은 각도로 목을 기울였다. 그러고는 맹렬히 노트북 자판을 두드리기 시작했다.

뭘 하는 걸까. 나는 그들을 빤히 쳐다보지 않으려 애쓰며 생각했다. 터널을 통과할 때마다 유리창에 그들의 모습이 환히 비쳤다. 그들은 서로의 노트북 화면에 손가락을 갖다 대거나 수첩 이곳저곳을 펼쳐 상대방에게 내밀었다. 포장을 벗긴 무언가를 입안에 밀어 넣고 작고 딱딱한 것이 부서지는 소리를 연이어 내기도 했다. 그들은 마감에 쫓기는 기자처럼 보이기도 했고 실시간으로 여행 정보를 업로드하는 작가나 블로거처럼 보이기도 했다. 겉보기에 외국인일 뿐 서울로 출장 갔다 회사로 복귀하는 부산 토박이일 수도 있었다. 나는 그들만큼이나 분주히 생각을 이어나 갔다. 독일 국기 옆에 붙여놓은 정체불명의 스티커가 유난히 눈에 띄었다. 그것은 독일어와 한국어로 번갈 아 쓰인 어떤 문구였는데, 두꺼운 고딕체로 쓰인 한 국어는 다음과 같았다. "참지 말고 참아라." 대체 무 엇을? 어떻게? 참지 말고 참는 게 무엇인지 모르겠지 만 그건 굉장히 한국적인 말이라는 생각이 들었다. 그게 뭐든 결국은 버티라는 말 아닌가.

그러자 이 모든 상황이 순식간에 익숙해졌다. 나는 지하철에서 마주한 사람들에 대해 궁금해해본 적이 없었다. 대개 핸드폰을 보거나 잠을 잤고, 바투 앉은 사람에 대해서는 한 가지만 생각했다. 위험한 사람인 가 아닌가, 자리를 피해야 하나 그대로 있어도 되나. 확인차 눈을 떠보면 그들 역시 나와 똑같이 지루하고 피곤한 얼굴로 멈춰 있었다. 나는 그런 시간 속을 살 아왔다. 누구도 나를 궁금해하지 않는 곳에서 그 누 구도 궁금해하지 않으며, 다만 외롭고 바쁘게, 참고 또 참으며 살고 있었다. 열차가 종착역에 들어서자 사 람들이 일제히 일어나 통로로 몰려갔다. 어쩐지 모두 똑같아 보이는 뒷모습이었다.

고요 속에서 함께하는 것

산책을 하다 보면 본의 아니게 다른 사람들의 이야기를 엿듣게 될 때가 있다. 나는 개와 함께 느리게 걷는 데다 개가 무언가에 관심을 보이면 실컷 냄새를 맡고 돌아설 때까지 기다리는 편이기 때문이다. 개는 운동하는 사람들을 골똘히 바라보기도 하고 풀숲에 숨어 털을 바짝 세우고 있는 고양이를 찾아내기도 한다. 나는 자전거나 킥보드가 다가오진 않는지 주위를 살피며 개를 기다린다. 눈 닿는 곳마다 배롱나무가 있다. 여름이 되자마자 흐드러지게 핀 자줏빛 꽃은 한 달이 넘도록 질 줄 모른다. 배롱나무 꽃이 질 때쯤이면 바람도 선선해지겠지, 나는 그런 생각을 하며 서 있다.

"할아버지는 지우가 좋아서 자꾸 지우네 집에 오

는 거야?" 어른들의 저음과 달리 아이 목소리는 높고 짜랑짜랑하다. 돌아보니 이제 네다섯 살쯤 됐을까 싶은 아이가 노인을 따라 부지런히 걷고 있다. 아이의 종종걸음과 노인의 허청대는 걸음이 묘하게 속도가 맞다. "그렇지, 지우가 좋아서 자꾸 가지." 노인의 말에 아이가 부루퉁해진다. "근데 왜 도로 집에 가?" "집에 안 가면?" "지우네 집에서 아주 살아버리지." 아이의 독특한 억양 때문에 웃음이 난다. 노인이 뭐라고 답하는지는 들리지 않는다. 어린이집 가방을 한쪽 어깨에 걸머멘 노인이 어느 틈에 길 저 끝으로 물러나 있다.

"그래 놓고는 아예 대꾸를 않는 거야." 잔뜩 약이 오른 목소리로 여자가 말한다. "암말 않고 버티는 거 그거 진짜 속 터지지." 나란히 걷고 있던 다른 여자가 추임새를 넣는다. 두 사람 모두 노끈으로 겹쳐 묶은 계란 두 판을 들고 있는데 화를 내며 빠르게 걷는 와중에도 요령 좋게 수평을 유지하고 있다. "돈 오백이 장난이야? 이번엔 절대로 그냥 안 넘어가." 여자는 어쩐지 익숙한 대사를 끝으로 모퉁이를 돌아 사라진다.

"여기서 오른쪽 들어갑니다!" 단호한 목소리가 길

복판에 화살표처럼 꽂힌다. 최근 자주 눈에 띄는 러닝크루 중 하나다. 이쪽은 주택가지만 마침 대학교 앞이고 제법 긴 산책로와 공원이 있어서인지 러닝을 하는 사람들이 종종 모여든다. 그럴듯하게 장비를 갖추고 열을 맞춰 뛰는 크루도 있고 어딘가 주섬주섬 챙겨 입은 모습으로 엉성한 균열 속에 뛰는 크루도 있다. 어느 쪽이든 땀이 잔뜩 돋은 얼굴이 맑고 밝다. 그들이 지나갈 때 듣게 되는 리더의 목소리도 제각각이다. 왼쪽 길로 바짝 붙습니다. 허리, 허리 세우세요! 나는 덩달아 허리를 바짝 세우고 길 끝에 붙어 걷는다.

산책을 하는 동안 나는 길 이곳저곳에 멈춘다. 봄에는 자목련 아래, 여름에는 배롱나무 아래, 가을에는 모과나무 아래, 겨울에는 헐벗은 가지 아래 아무 데나 머문다. 제각각의 조도와 각도를 가진 햇빛 아래 맨머리를 드러낸 채 혼자 서 있다. 그러나 할아버지와 아주 살아버리고 싶어 하는 손주와 마주칠 때, 소란한 마음을 서로에게 내뱉고 주워 담는 나란한 어깨를 목격할 때, 땀을 뚝뚝 흘리는 건강하고 유연한 신체와 마주할 때 나는 혼자일 수가 없다. 아무리 호젓한 길을 찾아내도 그 길 끝엔 틀림없이 사람이 있어 산책할 때만큼은 도무지 외로울 틈이 없는 것이다.

한밤의 산책자들

거듭된 폭염으로 산책 시간을 늦추다 이제는 한밤에 집을 나서게 되었다. 땅이 좀처럼 식지 않아 밤 10시가 훌쩍 넘은 시간에 산책을 하는 일도 잦아졌다. 다행히 동네에는 밤에 걷거나 뛰는 사람이 많았다. 한밤의 산책자들 사이에 섞여 걷다 보면 익숙해진 얼굴도 몇몇 눈에 띄었다.

내가 언제 나가든 무조건 마주치는 짧은 머리 남성은 쉬는 타이밍을 도무지 알 수 없을 정도로 뛰는데 진심이었다. 타이트한 민소매 셔츠 차림에 안정된 포즈로, 발소리도 숨소리도 거의 내지 않고 달리는 모습이 선수인가 싶을 정도였다. 헤어밴드를 한 중년 여성은 항상 종아리까지 올라오는 양말을 신었다. 오렌지와 민트, 라임에 이르기까지 만날 때마다 종아리

색이 바뀌어 구경하는 재미가 쏠쏠했다. 새까만 복장에 모자까지 눌러쓰고 자전거를 타는 사람은 맹렬한 속도로 사람을 놀라게 했다. 쌔애액 하고 공기를 가르는 소리가 나면 나는 조마조마한 마음으로 길 끝에 붙었다. 메타세쿼이아 길을 느리게 걷는 덩치 큰 노인도 있었다. 그는 늘 누군가와 전화 통화를 하며 큰 소리로 화를 냈다.

꼭 같은 자리에서 마주치는 아주머니는 자다 깬 것처럼 뒤통수가 항상 부스스했다. 품이 넓은 티셔츠를 입고 운동하는 동네 주민일 뿐인데 나는 그가 꽤 신경 쓰였다. 왼쪽으로 깊게 기운 상체 때문에 옆구리를 움켜쥔 것처럼 보이는 뒷모습이 특히 그랬다. 보폭이 좁고 자세가 나빠 아주머니는 당장이라도 넘어질 것처럼 비칠비칠 뛰었다. 그러나 용케 더는 기울어지지 않았고, 가느다란 다리를 꾸준히 앞으로 뻗었다.

나는 그런 뒷모습을 이전에도 본 적이 있었다. 어깨를 한껏 옹송그린 작은 체구의 사람. 개흉수술을 한 뒤 엄마는 한동안 몸을 곧게 펴지 못했다. 아픈 심장을 숨기려고 어깨와 등이 잔뜩 오그라든 채 굳어버린 것 같았다. 제대로 씻지 못해 떡 진 머리를 모자로 숨기고, 공벌레처럼 몸을 만 채로 엄마는 매일 집 주변을 걸었다. 사람이 적은 밤 시간을 골라 느릿느릿 손과 발을 뻗었다. 신음과 함께 기지개를 켜보고 어깨를 조금씩 돌려보기도 하면서, 그러나 함께 걷기엔 조금 창피한 모습으로 말이다. 쪼그라든 채 옴직거리던 엄마는 간혹 내게 물었다. "너무 보기 흉하냐?" 사실은 그래, 라고 대답하면 시무룩한 얼굴을 하고서 다시 걸었다. 그러고는 툭 내뱉었다. "지금의 내겐 이게 최선이야."

그저 걷는 것일 뿐이지만 엄마의 최선은 날이 지날수록 각도가 좋아졌다. 우스꽝스럽고 다소 궁상맞던 자세도 눈에 띄게 반듯해졌다. 걷는 시간이 아침 저녁으로 늘고 요가를 시작한 시점부터는 자신의 모습이 보기 흉한지 더 묻지 않았다. 아주 느리지만 분명하게, 최선을 다한 밤들이 정직하게 앞으로 나아가고 있었던 것이다. 그러니 회복이란 무언가를 부러뜨리고 이어 붙이듯 단번에 이루어지는 것이 아니라, 꾸준히 손을 뻗어 기울어진 바를 다잡아나가는 과정 전체를 말하는 것인지도 모르겠다.

한밤의 산책자들이 각자의 방식으로 최선을 다하고 있는 지금, 기어코 우리에게 도래할 반듯한 날들을 상상한다. 지난한 시간을 건너 여름의 끝이 다가오고 있다.

이처럼 단단한 미래

여름에 있었던 몇몇 행사 중 고등학생을 대상으로 한 북콘서트가 있었다. 나는 잔뜩 긴장한 채 지정 학교로 향했다. 고교 시절의 내가 떠오른 탓이었다. 당시 나는 마음에 자갈이 박힌 것처럼 매사 울퉁불퉁했고 아무런 의욕이 없었다. 고2 때 수업 진도를 모두 끝내고 고3 시절 내내 모의고사 문제집만 풀었으니 그럴 만도 했다. 학교는 매일이 똑같았고 아이들의 대화도 한결같았다. 급식 뭐 나온대? 너 문제집 어디 거야? 언어 몇 등급 나왔어? 담임이 상담실로 오래.

그런 시절을 잘도 건너왔구나. 나는 낯선 학교의 교문을 통과해 어쩐지 조금도 낯설지 않은 구도의 복도와 교실을 지나쳐 강당으로 향했다. 빼곡히 깔린 의자 너머 낮은 단상 위로 공연 준비가 한창이었다.

"오늘이 저희 학교 '독서의 날'이거든요." 낭독극 준비를 하고 있던 선생님 중 한 분이 말했다. "그래서 오늘은 하루 종일 책 관련 활동만 해요." 하루 종일 책을? 문제집을 푸는 게 아니라? 나는 리허설을 하는 학생들—대본을 맞춰보는 진행자와 타이밍을 재는 영상 담당자, 낭독극 순서를 확인하는 출연자들과 각자 맡은 코너를 연습 중인 학생들—을 둘러보았다. 생기 있는 목소리들이 올망졸망 엮이는 걸 듣고 있자니 어깨가 조금 펴졌다. 옛날과 똑같을 리가 없지. 나는 먼지를 떨어내듯 어두운 마음을 탈탈 털어 저 멀리 밀쳐냈다.

행사 도중 문장 하나가 마음에 꽂힌 것은 의외의 일이었다. 학생들과 함께 얘기했던 소설에는 "밤은 내가 가질게"라는 대사가 있었다. 삶이 결코 녹록지 않은 소설 속 인물이 버림받은 개에게 손을 내밀며 건네는 대사였다.

누군가 당신에게 '밤은 내가 가질게'라고 말해온다면 당신의 대답은?

대충 이런 식의 질문에 학생들은 각자의 방식으로

무겁거나 재치 있거나 경쾌한 답들을 적어냈다. 그 속에 이런 대답이 있었다. "내 밤을 왜 니가 가져?" 세상에, 이토록 당당한 목소리라니.

그 소설을 쓰는 동안 나는 다정한 말에 대해 고심하고 있었다. 타인에게 손을 내밀 때 무례하지 않은 방식으로, 그를 다감하게 감쌀 수 있는 대사가 무엇일까 하고 말이다. 어쩌면 나는 우리에게 필요한 것이 오직 부드러움뿐이라고, 위로와 배려와 무한한 애정만이 우리를 구원할 것이라고 믿어왔는지 모른다. 하지만 그러려면 무엇보다 자신을 다잡는 단단한 마음이 필요했던 것 아닐까? 어떤 좌절과 고난 속에 내던져져 있든 다름 아닌 자신이 그것을 이겨낼 수 있다고 믿는 마음이 우선되었어야 하지 않나? 그런 사람이라면 당당히 대답할 수도 있을 것 같았다. "내 밤을 왜 니가 가져? 나는 얼마든지 내 밤을 낮으로 바꿀 수 있어."

나는 학생이 쓴 답이 좋아서 집으로 돌아오는 내내 되뇌었다. 이처럼 단단한 마음이라니, 이처럼 단단하고 야무진 미래가 내 눈앞에 있다니 그것만으로도 올여름에 대한 보상을 전부 다 받은 것 같았다. 언젠가는 그런 인물에 대한 소설을 쓰고 싶다고 생각했다. 누구에게도 의존하지 않는 아주 단단한 인물이 얼굴을 팍 일그러뜨리며 "내 밤을 왜 니가 가져?"라고 따져 묻는 소설을 말이다.

한 줌의 맛, 한 줌의 기억

집으로 돌아가는 길에 간식을 좀 살까 싶어 주위를 둘러보던 참이었다. 나는 상점가 한복판에 제법 오래 멈춰 있었다. 건물 외벽에 빼곡한 간판과 포스터, 보도를 절반쯤 점령하다시피 한 입간판들 때문이었다. 너무 많다. 나는 질린 기분으로 그렇게 중얼거렸다.

작은 횡단보도 하나를 사이에 두고 마주 보고 있는 베이커리만 세 개, 그중 두 개는 대기업 브랜드라 건물 한 층을 통째로 쓰고 있었다. 팥과 버터를 넣은 호두과자 전문점과 다코야키 가게는 포장 전문이라 가게가 작은 대신 출입구가 커다랬다. 종류가 오십 개는 너끈히 넘는데도 계절마다 신메뉴가 나오는 와플 가게와 구움과자 가게, 꾸덕한 치즈 케이크를 시그니처로 밀고 있는 가게도 있었다. 유행이 끝난 탕후

루 가게는 대부분의 메뉴에 품절을 걸어놓고 홍콩식 디저트를 팔았다. 도넛 가게가 두 개, 햄버거와 피자와 치킨 집은 헤아리기도 어려울 정도였다. 샐러드 가게와 함께 들어선 요거트 아이스크림 가게들은 간판만 조금 다를 뿐 메뉴가 전부 같았다. 미국식 샌드위치와 멕시코식 샌드위치, 닭강정에 아르기까지 도무지 끝이 나질 않았다. 이 모든 것이 한 블록 안에 들어 있다는 사실은 무서울 정도였다. 왜냐하면 이렇게 또 한 블록이, 그다음 블록이 계속해 이어지기 때문이었다.

무엇도 사지 못한 채 거리를 서성이며 나는 옛날식 고로케를 떠올렸다. 어린 시절 엄마와 함께 재래시장에 가는 날이면 꼭 사 먹던 그것. 기름에 튀겨낸 표면이 거친 빵을 반으로 갈라 채 썬 양배추와 어슷썰기 한 오이를 끼워 넣은 케첩 범벅의 빵 말이다. 비닐랩으로 단단히 감싼 그것의 이름이 왜 고로케였는지 모르겠으나 모두가 그렇게 불렀다. 나는 성인이 된 뒤에도 한동안 고로케 하면 그것을 떠올렸다. 나의 엄마는 군것질거리를 자주 사주는 사람이 아니었다. 하지만 꽈배기 가게에서 파는 고로케만큼은 예외였다. 내가 잘 먹지 않는 야채가 듬뿍 들어가 있어서였는지도 모르겠다. 나는 엄마를 뒤쫓느라 바쁜 와중에도 주위를 두리번거리며 고로케를 베어 먹었다. 앞장서 걷던 엄마의 새까만 뒤통수와 나를 꽉 붙든 손, 늘 조금씩 젖어 있던 시장 바닥과 소쿠리마다 빙글빙글 나선을 그리며 쌓여 있던 과일들. 시장을 빠져나올 즈음에 내 양손은 온통 케첩 범벅이었다. 당시의 기억은 고로케를 다 먹어치운 뒤에도 사라지지 않고 내 안에 남았다. 소박하고 텁텁하지만 그리운 맛과 함께 말이다.

나는 각기 다른 간판을 내건, 그러나 내부는 크게 다르지 않은 가게들 사이로 걸었다. 통유리창과 당기시오 팻말이 붙은 출입구, 키오스크와 고만고만한 테이블들이 요거트 가게에도 도넛 가게에도 샌드위치 가게에도 있었다. 얼마 전 문을 닫은 컵과일 전문점은 어느 틈엔지 내부가 텅 비어 있었다. 뜯겨나간 시설들의 빈 그림자가 실내 여기저기 얼룩처럼 남았다. 저 자리에 이번엔 뭐가 들어오게 될까. 저렇게 쉽게 만들어지고 더 쉽게 뜯겨나가는 자리에 한 줌이나마 기억이 자리 잡을 틈이 있을까. 그런 생각을 하며 나는 같은 자리를 빙빙 돌았다. 몇 번을 살펴봐도 도무지 들어갈 수 있는 가게가 없었다.

우산 있으신가요?

기차역에서 나는 도넛과 커피를 먹고 있었다. 유리창 너머로 보이는 하늘이 새파랬다. 막 도착한 KTX에서 내린 사람들이 출구로 몰려가는 모습을 나는 가만히 바라보았다. 여행가방과 두툼한 백팩, 갑자기 추워진 날씨에 덩달아 묵직해진 겉옷들을 걸치고 메고 끌며 그들은 바삐 걸었다. 성심당 쇼핑백을 몇 개나 들고 오는 사람은 차림새가 단출했다. 나도 친구와 대전에 가서 빵을 사 온 적이 있었다. 오전 일찍 출발해 빵을 먹고 욕심껏 구매한 뒤 KTX를 타고 용산역에 도착해서는, 뭘 했더라, 국립중앙박물관에 갔었다. 반가사유상을 아주 오래 보았고 이후에도 잊지 못해 또 갔더랬지.

그러니까 이런 생각이나 하며 나는 기차역을 내려

다보고 있었다. 도넛이 몹시 달았고 커피는 따뜻했는데 문제는, 내가 예매한 기차 출발 시각이 11시 2분이라는 점이었다. 11시 46분, 나는 여전히 기차역에 있었다. 문제지, 이건 큰 문제야. 그렇게 중얼거리면서 나는 챙겨 간 책의 페이지를 천천히 넘겼다. 문장 사이를 유영하다 주위가 소란해지면 기차역을 내려다보며 사람들을 구경했다. 평소에는 통로처럼 스쳐 지나가기만 했던 장소에 오래 머물러 있자니 어색했다. 내게 기차역은 탑승 게이트를 확인하고 짐을 추스르고 객차 번호판 아래 꼿꼿이 서 있다 냉큼 떠나는 곳이었는데. 뭐가 달라졌더라.

오전 9시, 나는 집 앞에서 광명행 간선버스를 기다리고 있었다. 광명까지는 한 시간가량이 걸렸고 내가 타야 할 포항행 기차는 11시 2분발. 모든 것이 여유로웠다. 주말에는 간선버스의 배차 간격이 40분 정도로, 길이 막히는 정도에 따라 더 길어질 수 있다는 점을 깨닫기 전까지는 말이다. 버스에 타자마자, 차들로 빼곡한 고속도로에 들어서자마자 나는 기차를 놓쳤구나 생각했다. 놓칠지도 모른다거나 놓치면 어쩌지 같은 것이 아니라 명백한 확신이었다. 나는 달리는 버스 안에서 예매표를 취소했다. 다음 열차는 오후 1시

20분 출발로 좌석이 전부 매진이었지만 입석표를 팔고 있었다. 열차를 놓친 것도, 입석으로 기차에 타는 것도, 오후 일정이 비틀어진 것도 전부 처음 겪는 일이었다.

나는 11시 10분쯤 광명역에 도착해 손을 씻은 후 도넛 가게로 들어갔다. 달콤한 냄새를 맡으며 포항에서 만날 사람과의 약속 시간을 조정했다. 계획보다 두 시간쯤 늦게 포항에 도착하겠지만 5시에 진행될 행사에는 늦지 않을 것이다. 입석표를 예매했지만 기차가 출발할 때쯤 나 같은 사람이 포기한 표 덕분에 좌석을 얻게 되겠지. 모든 게 다 자연스럽게 흘러갈 거고 이 일은 해프닝에 불과해져 누군가와 대화할 때 불현듯 끌려 나오게 될지 모른다. 그때 내가 기차를 놓친 적이 있거든. 누군가 나도, 하며 동조할 테고 우리는 우리가 놓친 것들에 대해 떠들어대겠지. 그런 건 정말 아무것도 아니구나.

나는 느긋한 마음으로 커피를 한 잔 더 주문했다. 유일하게 아쉬운 점이라면 포항에서 바다를 바라보며 읽으려던 책을 기차역에서 읽고 있다는 점이었다. 그러나 포항에서 온 연락 덕분에 아쉬운 마음이 깨끗이 가셨다.

포항은 지금 비바람이 몹시 거셉니다.

우산 있으신가요?

폭설 속에서도 우리는

첫눈이 폭설이 되었던 날의 일이다. 당시 나는 책 관련 행사가 있어 경기도로 이동 중이었는데, 이동 중이라는 말이 무색하게끔 그저 길 위에 멈춰 있었다. 대부분의 차들이 도로에 바퀴가 얼어붙은 것처럼 굳어 있다 아주 조금씩, 느리게 움직였다. 나는 눈 때문에 차들의 번호판이 완전히 가려질 수도 있다는 사실을 그날 처음 알았다. 언니는 차를 몰고 나섰다 도로 사무실로 들어가는 길이라며 이렇게 말했다. "내가 지금 딱 10분 나와 있었거든? 근데 번호판에 온통 눈이 쌓여서 주차장 들어가려는데 기계 인식이 안 되는 거야." 언니는 차에서 내려 쌓인 눈을 손으로 닦아낸 뒤에야 주차장에 들어갈 수 있었다고 했다. 그 말을 듣고 보니 도로 위 차들의 번호판마다 빼곡히 눈이 쌓여 있었다. 눈의 무게 때문에 가로수 나

못가지가 우직우직 부러지는 소리를 들으며 나는 길 위에 있었다.

　도로는 미끄러지는 차와 미끄러지지 않으려는 차들로 엉망이었다. 질척한 눈구덩이에 바퀴가 빠져 헛돌고 단단하게 다져진 얼음눈에 옆으로 뱅글 돌아가는 차들 천지였다. 나는 간선버스 안에서, 수시로 탄식하는 사람들 사이에서 불안에 떨고 있었다. 도로 위 차선이 완전히 사라졌다는 사실이 내게는 차 번호판이 보이지 않는 것보다 더 두려웠다. 미끄러지지 않으려 안간힘을 쓰던 차들이 아무렇게나 돌아앉는 통에, 구덩이를 피해 이리저리 흩어진 차들이 아무 방향으로 나아간 탓에 도로 위가 극도로 혼란스러웠다. 버스는 정면으로 오는 차와 몇 번이고 마주쳤다. 어느 쪽이 중앙선을 넘은 건지 알 수 없어 두 차는 조금씩 각자의 오른쪽으로 방향을 틀어 충돌을 피했다. 눈일 뿐인데, 녹아버리고 나면 아무것도 아닐 눈일 뿐인데 그랬다. 눈은 지독하게 결집하고 수시로 형체를 바꾸며, 속수무책으로 바라볼 수밖에 없게끔 만드는 거대한 존재감을 내뿜고 있었다.

　행사가 끝난 것은 캄캄한 밤이었다. 모든 선이 사

라진 도로 위로 오전보다 훨씬 견고해진 눈의 결집이 이제는 빙판이 되어 있었다. 눈과 어둠에 점령당한 도로 위는 조금도 안전해 보이지 않았다. 제대로 집에 돌아갈 수 있을까. 차고지에서 출발도 못한 버스를 기다리며 정류장에 망연히 서 있을 때였다. "작가님." 작은 목소리와 함께 내 앞으로 손이 불쑥 내밀어졌다. "저는 저 앞에 차 타고 가면 되거든요. 이게 별로 따뜻하지 않긴 한데." 강연장에서 만났던 학생이 내게 핫팩을 건네며 말했다. "조금은 도움이 되지 않을까 해서요."

나는 엉겁결에 핫팩을 받아들었다. 따뜻했다. 그것은 핫팩의 최고 온도가 몇 도인지, 얼마나 지속될 수 있는지 따져보게 되는 그런 식의 열기가 아니라 잔잔하게 스며드는 다정한 온기에 가까웠다. 이후 몇 시간에 걸쳐 집에 도착하기까지 나는 작은 핫팩을 내내 손에 쥐고 있었다. 사방이 새카맣고 도로는 괴기할 만큼 새하얀 모습이었으나, 여전히 굵은 눈이 내리고 있었으나 괜찮을 것 같았다. 손에 쥔 온기로 하여금 어떻게든 앞으로 나아갈 수 있을 것만 같았다.

당연하다는 착각

한낮의 지하철 객실 안은 한산했다. 나는 해가 쏟아지는 창을 등지고 앉아 졸고 있다 불쑥 끼어든 목소리에 잠에서 깼다. 작달막한 아주머니가 내 앞을 지나고 있었다. 독특한 억양으로 웅얼대던 목소리가 구원이니 진리니 하는 단어에서만 또렷해졌다. 지하철에서 종종 볼 수 있는 광경이었지만 그럴 때마다 의아해지곤 했다. 전도도 전달도 목적이 아닌 저 기이한 혼잣말은 대체 뭘까. 아주머니는 주변 한번 둘러보지 않고 옆 객실로 사라졌다.

조금 더 시간이 지나면 열차의 끝까지 걸어간 아주머니가 되돌아올 테고, 객실 안내방송이 아주머니를 뒤따를 것이었다. '열차 내에서 무리하게 종교 활동을 하시거나 판매 행위를 하시는 분은 다음 역에서 하차해주시기 바랍니다.' 늘 그런 순서였다. 아주머니가 물건을 파는 사람으로, 큰 소리로 싸우거나 소란을 떠는 사람으로 바뀔 뿐 이후의 과정은 똑같았다. 지속적인 소음에 무뎌지는 것처럼 못내 익숙한 일상이었다.

진리가 뭐야? 이번엔 왼쪽에서 목소리가 들려왔다. 고개를 돌리니 나와 나란히 앉은 사람 곁으로 빠져나온 작은 발이 보였다. 꼭 맞는 샌들 앞쪽으로 발가락들이 작은 치아처럼 돋아 있었다. 진리가 뭐야, 엄마? 아이가 발가락을 꼼질대며 다시 물었다. 변하지 않는 거야. 약속하는 거? 약속은 깨질 수도 있잖아. 진리는 안 변하는 거야. 절대 안 변한다고, 매일매일 똑같다고 믿을 수 있는 거. 아이가 살그머니 웃으며 말했다. "엄마가 나를 사랑하는 마음 같은 거?"

귀여워라. 나는 아이를 따라 몰래 웃으며 아이 엄마를 살폈다. 아이 엄마도 틀림없이 나처럼 아이가 귀여워 견딜 수 없다는 얼굴로 웃고 있겠지. 그러나 그녀는 여상한 얼굴이었다. 아이의 말에 신경 쓰기보다 그 '진리'라는 것을 어떻게 더 잘 설명할 수 있을지에 대해 고민 중인 듯했다. 어쨌거나 그들의 대화는 계속되었고 나는 좋은 걸 봤다고 생각했다. 모처럼 귀엽고 즐거운 걸 봤다고, 한낮의 졸음 끝에 목격하기엔 과분한 풍경이라고 말이다.

그런데 지하철에서 내린 뒤엔 문득 이상하다는 생각이 들었다. 아이는 귀여웠고 아이 엄마는 다정하고 신중해 보였다. 그들 사이에 공고히 자리 잡은 신뢰가 사랑스럽다고도 생각했다. 내가 이상하게 여긴 건 그들 사이에 벌어진 일을 당연하게 여기는 나의 태도였다. 그들이 나란히 앉는 것이, 서로를 향해 질문하고 답하고 고개를 끄덕이는 모습이, 사랑을 설명하기 위해 망설임 없이 서로를 호명하는 일이 지극히 당연하다고 말이다. 그들 사이에는 지금껏 무수히 많은 소란과 노력과 보답이 존재했을 터였다. 나는 온갖 시행착오 끝에 견고해진 관계의 단면을 구경했을 뿐이고, 관계의 지속을 위해 앞으로도 저들은 끊임없이 몸과 마음을 내던져야 할 것이었다. 어느 한쪽의 노력이 미진하다고 느꼈을 때 아이는 대뜸 이렇게 물을지 몰랐다. 엄만 왜 날 미워해?

한낮의 거리는 열차 안과 달리 빼곡하고 복잡했다. 뜨거운 햇빛이 직각으로 내리꽂혀 정수리가 얼얼해

질 정도였다. 나는 가로수 아래 미약하게 드리운 그늘을 따라 걸었다. 도로 위로 차들이 신호에 맞춰 일사불란하게 움직였다. 신호등이 파란불로 바뀌면서 멈춰 있던 사람들이 우르르 이동했다. 상점 유리창 안쪽으로 무언가를 사기 위해 줄을 선 사람들이 보였다. 사람들은 오른쪽으로 걷고 몸이 부딪힌 사람에게 사과했다. 익숙한 풍경이었지만 당연한 것은 아무것도 없었다. 모두가 노력 중이었다. 정교한 규칙 안에서 모두와 한 약속을 지키기 위해서 말이다. 단 한 명만 노력을 멈추어도 걷잡을 수 없는 비극이 발생한다는 사실을 우리 모두 알고 있었다. 매 순간 무수히 노력해야만 가까스로 가능한 일상이었다.

어떤 손을 가진 사람

꽤 오래전 일이다. 나는 저녁에 있을 소규모 강의를 위해 지하철로 이동 중이었다. 겨울이라 일찍 해가 져 한강 다리 조명과 도로를 가득 채운 차들의 붉은 후미등이 선명했다. 지하터널로 진입하면서 객실의 거대한 유리창이 새까매졌다. 옹졸한 모양새로 입술을 오그린 얼굴이 유리에 비쳐 나는 얼른 눈을 돌렸다. 피로하다는 생각이 들었다. 그날따라 유리에 비친 어두운 얼굴들이 전부 다 내 것 같았다. 양손으로 손잡이를 움켜쥔 채 허공에 매달리듯 서서 졸고 있는 사람이, 누군가와 통화를 하면서 자꾸 사과를 하는 사람이, 거북목을 하고 문제집을 들여다보고 있는 사람이 이상하리만큼 친숙했다. 그래서였을 것이다. 조용히 웃고 있는 앞 좌석 사람에게 시선이 머문 것은.

그는 자신의 핸드폰 화면을 보고 있었다. 이십 대 초중반쯤 되었을까? 앞머리가 가지런하고 코와 턱이 둥글었다. 등을 곧게 펴고 앉아 조금도 두리번대지 않고, 웃음이 번진 얼굴로 간혹 고개를 끄덕이는 모습이 퇴근길 지하철과 영 무관해 보였다. 좋아 보인다, 나는 그렇게 생각하며 그의 새까만 정수리를, 웃는 얼굴을 내려다보았다. 그가 보고 있는 화면이 유리창에 그대로 비쳤다. 잔뜩 경계하며 풀숲에 몸을 숨긴 잿빛 고양이에게 누군가 참치캔을 내미는 영상이었다. 고양이는 오래지 않아 경계를 풀고 화면 아래쪽에 커다랗게 찍힌 누군가의 손 쪽으로 다가왔다. 고양이가 캔을 할짝대려는 순간 손이 빠르게 움직여 고양이 얼굴을 후려쳤다.

뭐라고? 나는 소리 없이 경악한 채 유리창 쪽으로 고개를 내밀었다. 영상은 친절하게도 고양이 얼굴 쪽을 클로즈업해 그 장면을 다시 한번 보여줬다. 혼비백산한 고양이가 풀숲으로 도망칠 때까지 영상은 집요하게 고양이를 쫓았다. 그리고 화면을 보고 있던 그가, 영상을 처음으로 되돌렸다. 풀숲에서 고양이가 나왔고, 손이 움직였고, 그가 다시금 고요히 키득거렸다.

강의실에 도착해서도 나는 머릿속이 멍한 채였다. 있잖아요, 내가 지금 오다가 뭘 봤냐면요. 마치 일러 바치듯 수강생들에게 방금 본 장면을 설명했다. 그들이 낮게 탄식하며 내 황망함에 공감해주었다. 동물 학대 영상이 무분별하게 퍼지고 있는 현실을 함께 지탄하면서 나는 깊은 안도감을 느꼈다. 동시에 이상했다. 내 주변에는 이런 사람들뿐인데, 내 세계 사람들은 길고양이에게 따뜻한 물을 챙겨주는 영상을 찍는데 왜 그의 세계 사람들은 길고양이 얼굴을 후려치는 영상을 찍을까. 내가 나의 세계가 옳고 당연하다고 믿는 것처럼 그도 그럴까. 세계는 다 고양이를 후려치는 손으로 이루어져 있다고, 그러니 그 손을 보며 그들과 함께 낄낄대는 게 당연하다고 생각할까.

손쉬운 동조는 사유의 영역을 지우고 판단의 근거를 없앤다. 함부로 짜깁기된 무엇을 은은히 맹신하는 순간, 대수롭지 않게 웃어넘기며 판단을 유보하는 순간 우리는 거대한 손이 된다. 어떤 신념도 각오도 없이 아무렇게나 타인의 얼굴을 후려치는 손이 되고 만다. 그는 대체 어떤 손을 가진 사람일까. 그날 느낀 좌절감과 단절감이 이상하고 또 기이해 나는 그를 도무지 잊을 수가 없다.

생각과 다른 매일

시작은 두루마리 화장지 30롤이었다. 때아닌 개미지옥의 시작이 그랬다는 소리다.

거실에 앉아 있다가 개미 한 마리를 발견한 건 우연이었다. 뽈뽈뽈 기어가고 있는 개미를 무심코 눌러 죽였을 때만 해도 대수롭지 않게 여겼다. 택배 상자에 개미나 벌레가 딸려 오는 경우가 간혹 있었으니 이번에도 그런가 보다 했던 것이다. 그런데 잠시 후 뽈뽈뽈 기어가는 개미 세 마리와 마주쳤을 땐 마음이 심란해졌다. 난데없는 곳에 떨어져 어리둥절해하는 한 마리면 모를까 여러 마리가 한꺼번에 눈에 띈 건 처음이었기 때문이다. 뭔가 잘못됐나 싶었지만 이내 마음을 추슬렀다. 관리실에서 세대 소독 안내가 나올 때마다 꼬박꼬박 받아왔고 개미 문제가 입주자

커뮤니티에 올라온 적도 없었다. 우연이겠지, 하면서 나는 애써 신경을 다른 쪽으로 돌렸다.

이것저것 할 일을 하다 다시 거실로 나온 나는 둥근 점 같은 걸 발견했다. 뭔가 싶어 가까이 다가가니 개미 여남은 마리가 둥글게 모여 제자리를 돌고 있었다. 나는 기겁해 물러설 수밖에 없었는데, 그 둥근 점을 향해 개미들이 뿔뿔뿔, 어디선가 계속해서 기어 나오고 있었던 것이다. 나는 롤테이프를 양손에 들고 개미들을 쫓았다. 드문드문 이어지는 개미 행렬이 생각보다 길었다. 종착지는 두루마리 화장지 30롤 비닐팩.

외출했다 들고 들어와 거실 한편에 내려둔 것이었는데, 자세히 살펴보니 바닥 귀퉁이가 뜯겨 있었다. 거기서 개미들이 톡톡 떨어졌고, 그러니까 이 팩 안에는 개미가 잔뜩. 나는 그것을 들고 냅다 뛰어나갔다. 1층으로 내려가 공동현관 옆, 작은 화단이 있는 곳에 팩을 내려둔 뒤 나는 다시 집으로 뛰어올랐다. 현관부터 신발장, 화장지가 놓여 있던 거실 구석부터 소파 밑까지 한바탕 청소를 끝낸 뒤에야 숨을 돌릴 수 있었다. 다행히 개미들은 다른 곳으로 퍼지지 않고 일렬로만 움직인 모양이었다.

두루마리 화장지는 핸드폰 대리점에서 사은품으로 받은 것이었다. 상담자는 언니였는데 직원은 인심 좋게 언니와 나 모두에게 사은품을 내밀었다. 생필품 가격이 많이 오른 데다 마침 화장지를 사야 했던 때라 기분 좋게 받아들었다. 그런데 돌이켜보니 대리점 앞 노상에 쌓아두었던 화장지들이라 어디 한 군데 개미들이 뚫고 들어갈 수도 있었을 법했다. 화장지를 어떻게 버려야 하나. 일단 커다란 종량제 봉투를 사 온 다음에. 나는 그런 것들을 중얼거리며 엘리베이터를 타고 1층으로 내려갔다. 뭐가 어찌 됐든 개미들을 잔뜩 죽인 뒤라 기분이 점차 가라앉았다. 직원의 호의가 의도치 않게 악몽이 되고, 꽤 좋은 집터를 찾았다고 신이 났을 개미들에겐 때아닌 지옥이 펼쳐진 셈이었다. 생각대로 되는 일이 없네. 한숨을 쉬며 화장지를 내다 놓은 자리로 걸어갔을 때였다.

그곳엔 아무것도 없었다. 황망해진 나는 근처를 급히 돌았다. 공동현관과 로비, 화단과 재활용장까지 샅샅이 뒤졌지만 화장지는 어디에도 없었다. 그러니까 누군가 잽싸게 들고 가버렸다는 얘긴데. 머리가 아파 왔다. 잠깐의 욕심으로 누군가의 집에 다시금 개미지옥이 펼쳐지고 있을 것이었다.

정말 생각대로 되는 일이 아무것도 없었다.

아주 사소한 것들

그것을 발견한 건 새해 첫날이었다. 쾌활한 느낌보다 어수선하고 묵직한 기운이 강한 새해였다. 나는 최소한의 사람들과만 신년 인사를 나누었다. 탁상 달력을 새것으로 바꾸고 사골국에 떡과 파를 잔뜩 넣어 끓여 먹었다. 올해의 운세는 보지 않았고 작성하고 있던 문서의 연도를 새로운 숫자로 바꾸었다. 그 정도의 번거로움이 더해졌을 뿐 여느 때와 다를 바 없는 오후였다. 나는 느릿느릿 산책에 나섰다. 비와 눈 소식이 잦은 탓에 하늘이 희부윰했다. 재활용품 분리수거장을 지나려는데 그것이 눈에 띄었다. 보행자 통로 쪽으로 슬그머니 밀려 나와 있는 마호가니 콘솔이었다.

한눈에 보기에도 콘솔은 꽤 고급스러웠다. 굽이치는 물결 모양 상판과 그에 맞춤하게 깎은 유리판, 조금의 뒤틀림도 없는 서랍 세 개와 곳곳의 주물 장식을 나는 찬찬히 살폈다. 부드럽게 부푼 곡선 다리가 아래쪽으로 내려가면서 가늘고 정교해지는 것이 특히 예뻤다. 버린 물건 맞나? 나는 주위를 둘러보았다. 이사하다 잠깐 내려놓았거나 배송 중인 상품이라 해도 좋을 만큼 콘솔은 긁힌 자국 하나 없었다. 나처럼 고개를 갸웃대며 콘솔 주위를 맴도는 사람이 두어 명 더 있었다. 수거장에 놓인 물품들에 마땅히 붙어 있어야 할 폐기물 스티커가 없는 탓에 더욱 헷갈렸다.

누구라도 가져가겠지. 나는 집으로 돌아오는 내내 콘솔을 생각했다. 주인이 찾아가든 다른 사람이 가져 가든 콘솔은 금세 자신의 자리를 찾을 것 같았다. 그게 나였어도 좋았겠다는 생각이 들었다. 길에서 물건을 주워본 적도, 콘솔이 필요했던 적도 없으면서 괜히 욕심을 낼 정도로 콘솔은 예뻤다. 그러나 다음 날에도, 또 다음 날에도 콘솔은 그 자리에 있었다. 기온이 뚝 떨어지면서 눈이 내리기 시작했다. 비가 내렸고 잠깐 해가 났다가 연이어 눈과 비가 쏟아졌다. 나는 내내 집에 머물다 거리의 눈이 모두 녹은 뒤에야 산책을 나섰다. 콘솔은 상판 모서리가 깨지고 물얼룩이 지저분하게 남아 이제 누가 봐도 '버린 물건'으로 보였다. 유리 중앙에 흰색 보드마커로 글자가 쓰여 있었다. '스티커 붙여서 버리세요.' 1월 중순쯤 되니 흰색 글자들이 훌쩍 늘었다. 'CCTV 확인 중, 확인 완료. 108동 21층 1월 1일 오전 10시 30분경 배출.'

원목 특유의 그윽한 빛도 매끄러움도 더는 콘솔에 남아 있지 않았다. 서랍 하나가 어딘가로 사라졌고 왼쪽 다리에 긁힌 자국이 선명했다. 옆에 놓인 철제 선반 때문이었다. 어느 틈엔지 선반과 어린이용 책장, 여행용 가방과 스툴 등등이 콘솔 주변에 얼기설기 쌓여 있었다. 폐기물 스티커가 붙은 물품은 하나도 없었다. 나는 엉망이 된 분리수거장을 바라보았다. 스티커를 살 수 있는 상점은 주변에만 다섯 곳이 넘었다. 간혹 그냥 내놓은 물건에 경비 아저씨가 경고 문구를 쓰면 곧바로 폐기물 스티커나 온라인 접수 번호가 쓰인 종이가 붙곤 했다. 물건을 버릴 때 그에 맞는 값을 치르는 건 몹시 단순한 규칙이었다. 모두가 당연히, 그것을 지켜왔다.

경비 아저씨는 이제 21층에 올라가 세 개의 현관문을 모두 두드려야 할 것이었다. 콘솔뿐 아니라 선반의, 책장의 주인을 찾기 위해 쉴 틈 없이 CCTV를 돌리고 경고 문구를 쓰고 여러 층을 오르락내리락할 터였다. 콘솔 주인이 처음 그것을 내놓을 때 오천 원짜리 스티커 한 장만 붙였다면 벌어지지 않았을 일이었다. 그랬다면 작은 물웅덩이 위에 물건들의 무덤이 만들어질 일도, 부서진 물건들이 보행자 통로를 침범할 일도, 무의미한 인력 낭비도 없었을 것이다. 일상의 무너짐은 아주 사소한 것에서 온다. 그것을 어떻게 원래의 쾌적함으로 되돌릴지에 대한 답은 이미 우리 안에 있다.

봄날의 고양이 동산

겨울이 조금 물러서니 그 틈을 비집고 나오는 것들이 있다. 폭신한 바람과 햇빛, 마른땅 위를 구르는 자전거 바퀴 소리처럼 대체로 가볍고 무른 것들이다. 새들이 날갯짓할 때마다 탁탁 부러져나가던 나뭇가지들도 물을 머금어 한결 부드럽게 휘거나 퉁긴다. 볕이 나른한 오후 풀숲에 누워 있는 고양이들과 마주칠 때면 정말 봄이 오는구나 싶어진다.

아파트 단지 한쪽에는 고양이 동산이라 불리는 곳이 있다. 중앙에 나무들이 강강술래하듯 둥근 모양으로 심겨 있고 오솔길과 풀숲이 주변으로 가만히 퍼져나가는 형태의 공간이다. 연결된 넓은 길과 달리 동산 안쪽 길은 울퉁불퉁하고 비좁아 자전거나 킥보드들이 잘 지나가지 않는다. 놀랄 일이 적어서인지 그곳에 자리 잡은 고양이들은 유난히 순하고 사람을 잘 따랐다. 원래도 아이들이 고양이와 놀기 위해 모여드는 곳인데, 날이 따뜻해지니 고양이 동산으로 집결하는 무리가 부쩍 늘었다. 낚싯대 장난감이나 츄르를 든 아이들이, 작은 그릇과 생수병을 챙겨 든 아이들이 고양이를 부르고 어르고 먹이고 깔깔대는 모습은 그야말로 봄날 같았다.

고양이들은 순하지만 새침해서 너무 많은 사람이 몰려들면 슬그머니 도망치곤 했다. 꼬리로 바닥을 두어 번 내려치고는 고개를 홱 돌려 풀숲으로 들어가 버리는 식이었다. 그러면 아이들은 더는 고양이를 부르거나 뒤쫓지 않고, 아쉬운 얼굴로 무릎을 턴 뒤 일어섰다. 애초에 아이들에게 시간이 많지 않은 것뿐이었는지도 모른다. 대부분의 아이들이 학원 이름이 큼지막하게 찍힌 보조 가방을 메고 있거나 태권도복을 입고 있었으니까 말이다.

하루는 아이 하나가 암묵적으로 지켜오던 규칙을 깬 일이 있었다. 그날따라 릴레이하듯 아이들이 몰아닥치는 바람에 고양이 동산 전체가 북적였다. 털을 바짝 세우고 있던 고양이는 아이들이 길을 터주자 재

빨리 풀숲으로 들어가 숨었다. "나 이거 삼천 원이나 주고 사 왔는데?" 아이가 억울한 목소리를 내더니 분홍색 깃털과 방울이 달린 장난감을 허공에 휘둘러댔다. 그러고는 큰 소리로 고양이를 부르며 뒤쫓기 시작했다. 풀숲을 헤집고 다니는 바람에 회양목 가지 부러지는 소리가 우둑우둑 요란했다. 다른 아이들이 말려도 아이는 막무가내였다. 납작한 바위 위에 앉아 있던 고양이가 펄쩍 뛰어 달아나자 아이도 바위를 훌쩍 뛰어넘었다. "내가 너랑 놀아주려고 일부러 사 왔단 말이야! 이거 비쌌어!" 고양이가 동산 안을 뱅뱅 돌았으므로 아이도 뱅뱅 돌며 소리쳤다.

"그건 놀아주는 게 아니야, 네가 그러는 건 고양이한테 엄청난 스트레스라고." 오솔길을 가로막고 선 다른 아이가 말했다. "자꾸 부르고 쫓아다니고 간섭하고 그러면 고양이가 좋겠어? 너, 너네 엄마가 너를 하루 종일 쫓아다닌다고 생각해봐." 아이는 대번에 멈춰 서더니 그건 싫지, 하고 답했다. 그러고는 장난감을 점퍼 주머니에 쓱 꽂아 넣고 돌아섰다. 아이들은 저렇게 배우는구나. 나는 뒤에서 조용히 감탄했다. 고양이는 살지고 아이들은 역지사지를 몸소 배우는 봄날이었다.

날씨를 알려줄게

몇 달 전 이사하면서 세운 한 가지 방침은 집에 텔레비전을 들이지 않는 것이었다. 텔레비전이 쏟아내는 다채로움에 빠져 책 읽는 시간이 부쩍 줄어든 탓이었다. 동시에 천천히 감정을 쌓아가던 나만의 속도를 되찾고 싶다는 바람도 있었다. 텔레비전 속에서는 모든 것이 나보다 빨랐다. 내가 장면을 이해하기도 전에 자막이 상황을 설명해버렸고, 복잡한 화면 구성은 숨이 찰 지경이었다. 나는 내 속도에 맞춰 모든 것을 오롯이 감각하고 싶었다. 책 속의 문장들을 고요히 덧그리는 시간이 늘어날수록 내 세계가 조밀하고 단단해지는 기분이었다.

문제는 날씨였다. 텔레비전이 사라진 뒤 내게는 세 개의 우산이 생겼다. 아침마다 습관처럼 틀어놓던 뉴스와 일기예보가 사라지니 날씨를 가늠하기 어려워졌기 때문이다. 유례없는 날씨의 변덕도 한몫했다. 어느 날은 봄날처럼 바람이 순했고, 어느 날은 혹한에 얼어붙은 공기로 콧속까지 얼얼했다. 나는 터무니없을 만큼 무방비한 꼴로 우산도 장갑도 없이 걷곤 했다. 사람들은 어떻게 저렇게 준비성이 좋을까. 나는 너무 춥거나 더운 거리에서 뻣뻣해진 얼굴을 손바닥으로 마구 비비며 생각했다. 나만 빼고 다들 우산이 있네. 거리를 위협하듯 우르릉대며 급작스레 폭우를 퍼붓는 하늘에 혼자 억울해했다. 이런 사정을 전해 들은 가족들이 가볍게 웃으며 말했다. "요즘 날씨가 좀 그렇지, 아무 때고 비나 눈이 쏟아진다니까." "이게 다 기후위기 때문이야. 너 분리수거는 제대로 하고 있니?"

다음 날부터 내 일상은 조금 달라졌다. 아침 일찍 엄마와 언니에게서 오는 연락으로 하루가 시작된 것이다. 우산이 증식되는 걸 막기 위해 그들은 기꺼이 예보관이 되기로 작정한 모양이었다. 두 사람은 각자의 방식으로 내게 일기예보를 전했다. 엄마는 이른 새벽 뉴스를 본 뒤 한 글자 한 글자 직접 적어 넣은 메시지를 내게 보내왔다. '오늘 날씨 최고 기온 2도.

최저 영하 12도까지 내려간댄다. 눈도 내릴 건가 봐. 잘 입고 잘 신고 출근해.' 언니는 대뜸 전화를 걸어 크고 분명한 목소리로 말했다. "야, 비 엄청 많이 온대! 우산 들고 나가!" 아침 식사를 준비하는지 소란한 지글거림과 함께 전화가 끊겼다. 그럼 나는 가방을 챙기고 그날 입을 옷을 골라내면서 두 사람의 말을 이어 붙였다. 최저 영하 12도를 견딜 만한 두툼한 패딩점퍼를 입고, 신발장에서 튼튼한 우산을 꺼내 쥐었다. 그렇게 시작되는 하루는 대개 따뜻하고 안전했다.

그러므로 나는 잠에서 깨자마자 핸드폰 음성 안내로 오늘의 날씨와 주요 뉴스를 확인한다는 사실을 가족들에게 알리지 않는다. 나를 걱정하는 다급하고도 상냥한 마음을 조금도 놓치고 싶지 않아서다. 어쩌면 일기예보의 시작 자체가 그랬는지 모른다. 사랑하는 사람이 춥거나 덥지 않기를, 어느 누구도 비에 젖지 않기를 바라는 다정한 마음에서 비롯되었을지도. 오늘 비 온대, 우산 챙겨. 그러면 나는 어리바리한 목소리로 그래, 알겠어, 하고 대답한 뒤 이미 챙겨 나온 우산 손잡이를 꽉 쥐어보는 것이다.

가죽이 익어가는 시간

손에 익은 물건을 오래 쓰는 걸 좋아하는 나는 가죽 제품을 선택할 때가 많다. 잡다한 물건을 넣어 다니는 파우치와 필통, 선물받은 노트를 감싸고 있는 북커버와 다이어리 모두가 각각의 색과 두께를 가진 가죽으로 만들어져 있다. 개인이 운영하는 소규모 공방을 둘러보다 필요에 딱 맞는 제품을 만났을 때의 기쁨이란 말로 설명하기 어렵다. 대부분 주문 제작하는 시스템이라 1~2주 정도의 기다림이 동반되는데, 내게는 그것마저 설레고 기껍다. 그렇게 받아본 제품은 대체로 성실하고 꼼꼼한 바느질로 마무리되어 있기 때문이다.

어떤 것은 투박하고 묵직해서 좋고, 어떤 것은 간결하고 날렵해서 좋다. 가장 좋은 것은 오래 쓸수록 손때가 묻어 반들반들해지는 표면이다. 내 습관대로 정직하게 닳고 기울어진 물건을 보고 있자면 정말 '내 손에 맞는 내 것'이란 기분이 드는 것이다.

얼마 전 새로 알게 된 가죽 공방에서 파우치를 하나 주문했다. 나무 단추에 고리를 걸어 뚜껑을 여닫는 예스러운 방식이 마음에 들어서였다. 생각보다 이르게 도착한 물건을 열어보니 어라, 뭔가 가죽의 느낌이 낯설었다. 새 물건 특유의 겉도는 느낌이라기보다 버석버석하고 거친 질감이 더 생경했던 것이다. 나는 손바닥으로 손끝으로 가죽의 표면을 오래 문질렀다. 언젠가 햇빛 비치는 자리에 잘못 놓아두었던 가죽 연필꽂이가 꼭 이런 느낌이었다. 햇빛에 조금씩 졸아들어 부서지기 쉬운 무엇이 되어버렸던 어두운 밤색 가죽. 그때 그걸 어떻게 했더라. 나는 서랍을 열어 가죽 에센스와 스펀지, 부드러운 천을 끄집어냈다.

바세린처럼 생긴 고체 에센스에 따뜻한 입김을 불면 겉면이 느슨해진다. 소량을 묻혀 가죽 표면에 살살 펴 바른 뒤 둥글게 둥글게, 원을 그리듯 가죽을 천천히 문지르는 시간은 다소 지루하다. 성급한 마음에 에센스를 처덕처덕 덧바르면 얼룩이 남는다. 귀찮은 마음에 적당히 문지르다 그만두면 건조함이 사라지지 않는다. 적당한 힘으로 끈기 있게 문질러야 비로소 은은한 윤기가 가죽의 표면 가득 차오르는 것이다. 버석하던 표면이 촉촉해지면 달리 더 할 것이 없다. 에센스가 잘 스며들도록 그늘에 한동안 내려두는 것으로 충분하다.

　가만히 가죽을 문지르고 있자니 이것이 인간관계와 꽤 닮아 있다는 생각이 들었다. 데면데면하게 겉돌던 사람들이 서서히 가까워지는 시간과 말이다. 처음 만난 사람과 친해지는 데에도, 오래도록 만나온 사람과 관계를 유지하는 데에도 모두 노력이 필요하다. 성급한 다가섬이나 지나친 베풂은 서로의 마음에 얼룩을 남긴다. 너무 먼 거리에서의 방관은 서로의 마음을 건조하게 만든다. 적당한 거리에서 꾸준히, 적당한 온기를 건네는 일. 서로의 마음을 둥글게 문질러 은은한 애정이 차오르게 만드는 일. 그 지난한 과정을 거쳐 마침내 서로에게 꼭 맞는 누군가가 되는 일은 얼마나 설레는 일인가. 서로의 요철에 맞게 적당히 닳고 낡아 부드러워진 모습으로 기꺼이 서로의 곁을 지키는 것은 또 얼마나.

나는 한결 매끈해진 파우치를 그늘에 내려두었다. 노력이 필요하지만 노력만으로 모든 관계가 수월해지는 것은 아니니까 말이다. 어떤 사람은 햇빛 같아 버겁고 어떤 사람은 장마처럼 집요하다. 어떤 관계는 나를 부서지기 쉬운 무엇으로 한없이 졸아들게 만들기도 한다. 하지만 그러면 또 어떤가. 갈라진 마음을 관계에서 위로받을 수 없다면 내 안으로 손을 뻗으면 될 일이다. 오래도록 문질러 온기를 채우다 보면 부드럽고 촉촉해진 내 마음이 또 다른 누군가에게 손을 뻗을 용기를 얻게 되겠지. 그런 식으로 마음이, 관계가, 시간이 익어갈 것이다. 이 작은 가죽이 익어가는 것처럼 말이다.

아주 작은 쉼표

부산에 갈 일정이 생겨 나는 내내 즐거운 마음이었다. 지난해 부산에 갔을 때는 이곳저곳을 급히 이동해야 했다. 너무 많은 말을 하고 좋아하는 것보다는 유명하다는 것을 먹었다. 무엇보다 바다를 볼 시간이 없었다. 이번 일정은 여유롭고 느긋했으며 숙소에서도 언제든 바다를 내다볼 수 있었다. 옆에 작은 정원이 딸린 향이 좋은 커피를 파는 카페가 있어 더욱 좋았다. 쉼, 이라고 나는 중얼거리며 부산으로 향했다. 쉼, 쉼, 쉼표, 단조로운 내 일상에 찍힐 아주 작은 쉼표를 떠올리며 말이다.

일행은 이곳에 요트 투어가 아주 많다고, 선수에서 일몰과 야경을 보는 경험이 꽤 근사하다고 말했다. 저녁이 되어 선착장으로 가보니 정말 여기저기에

줄이 있었다. 일행은 작은 요트를 원했으나 대부분 40인승 정도의, 요트라기보단 작은 유람선에 가까운 것들이었다. 주위가 어스름할 때 우리는 배에 올랐다. 노을이 깔리는 속도보다 지상에 알록달록한 빛이 깔리는 속도가 더 빨랐다. 보라색 불빛을 뿜어내고 있는 광안대교를 향해 배가 달려가는 동안, 나는 비타민 사탕을 오독오독 씹으며 2층 선실에 머물렀다. 슬슬 뱃멀미가 올라온 탓이었다. 선실에는 나이가 많지 않은 모녀가 꼭 붙어 앉아 있었다. 누군가 갑판에 나가보라고 권하자 "엄마가 추위를 많이 타세요" 하면서 서로의 어깨를 보듬었다. 대교 아래 배가 머무는 동안 그들은 목을 길게 빼 밖을 구경하며 자주 감탄했다. 저것 좀 봐, 저기. 그들이 가리키는 곳을 나는 슬쩍 훔쳐보았다. 눈을 깜빡이듯 부산스럽게 색이 바뀌는 지상의 빛 무리와 광안대교를 올려다보며 그들은 즐거워했다.

1층 갑판은 다른 의미에서 정신없이 바빴다. 갑판 끝에 걸터앉을 수 있는 작은 의자를 설치해둔 건 나름의 포토존인 모양이었는데 그곳에 앉기 위한 눈치 싸움이 치열했다. 유튜버가 투어 시간 내내 그곳을 차지하고 있어 사람들은 보다 좋은 위치를 선점하기 위해 애썼다. 그들은 사진과 동영상으로 자신을, 서로를 찍는 데 여념이 없었다. 인생샷 혹은 인증샷을 남기기 위해 그들은 한 시간 남짓한 투어 시간 동안 단한 번도 쉬지 않았다. 그러니까 핸드폰의 작은 화면에서 고개를 든 적이 거의 없었다는 얘기다.

파도 위를 느리게 지나느라 배가 크게 출렁였다. 그럴 때마다 주위가 아득히 멀어졌다가 순식간에 가까워졌다. 수평선 위로 짙게 깔린 안개와 노을이 뒤섞여 혼란했는데 표표히 날아오르는 새들은 흔들림이 없었다. 점멸하는 빛과 곧게 뻗어나가는 빛, 수없이 쌓이고 겹치는 빛 조각들이 건물과 도로로 빼곡한 지상을 이전과 다른 것으로 바꿔놓고 있었다.

저곳에 있는 것은 단지 일상일 뿐이겠으나 이만큼의 거리를 두고 응시하는 것만으로 내게는 쉼이 되었다. 바람이 온몸을 쓸고 지나가는 감각이 낯설고 생생했다. 사진은 언제부터 과시를 위한 인증, SNS 업로드용으로 바뀌었을까. 짐작할 수 없는 형태로 흩어지고 부서지는 바람과 파도의 분주함을, 빛과 어둠을 담기에 뷰파인더는 너무 작지 않나.

나는 내 안에 이제 막 돋아난 작은 쉼표를 만지작거리며 생각했다. 사방에 빛이 그득했다.

외로우면
종말

초판 1쇄   2025년 9월 24일

지은이   안보윤
펴낸이   박진숙
펴낸곳   작가정신

편집   황민지
디자인   이현희
마케팅   김영란
재무   이하은
인쇄 및 제본   한영문화사

주소   (10881) 경기도 파주시 광인사길 143 2층
대표전화   031-955-6230
팩스   031-955-6294
이메일   editor@jakka.co.kr
블로그   blog.naver.com/jakkapub
페이스북   facebook.com/jakkajungsin
인스타그램   instagram.com/jakkajungsin

출판등록   제406-2012-000021호
ISBN   979-11-6026-370-1 03810